RENDEZ-VOUS À CHAVIRAY

A BBC radio course of
twenty five lessons in French

by
JOHN ROSS
of the University of Essex
and
MADELEINE LE CUNFF
of Birkbeck College, London

Produced by
ALAN WILDING

Illustrations by
GEOFFREY BARGERY

BRITISH BROADCASTING CORPORATION

CONTENTS

Published to accompany a series of programmes
prepared in consultation with the BBC Further
Education Advisory Council

© British Broadcasting Corporation 1970
First Published 1970. Reprinted 1970, 1973 (twice), 1975
Published by the British Broadcasting Corporation
35 Marylebone High Street, London WIM 4AA
Printed in England by Billing & Sons Ltd.
ISBN: 0 563 10151 2

INTRODUCTION

This course has been planned for those who have completed a beginners' course in French and in particular for those who have followed the BBC-tv series *Répondez s'il vous plaît*.

The first few weeks are spent on revision of the basic grammar covered in RSVP. Each lesson contains two scenes, notes on the French language and French life, and written and spoken exercises (with answers at the back of the book). In the broadcasts we shall sometimes use exercises which are not in the book so as to give you practice in quick thinking directly in French; similarly we shall not necessarily do all the spoken exercises on the air or all the examples in any one exercise.

Ideally, the way to use this course is: prepare the dialogues and grammar before the broadcast; then listen to the broadcast and take part in the exercises; and finally, if time permits, go over the spoken exercises printed in the book and do the written work. We should prefer you not to look at the book during the dialogues, though some people may find they learn more quickly if they have the text in front of them. But keep the book nearby; you will need it for some of the exercises.

Within the limits of the time available to us we have tried to show you as many aspects as possible of French life as it is really lived today, in a fairly wide range of age groups and social settings. We hope you will find them interesting enough to want to go to see — and hear — for yourself, even though Chaviray does not exist and neither, as far as we know, do the characters. So, while we can't say 'Rendez-vous à Chaviray' maybe we can say 'Rendez-vous en France'.

MLC
JR

THE PROGRAMMES First broadcast 1970–1971

Three mono LP records are also available. They contain all the French scenes printed in this book and selected scenes from the supplementary programmes broadcast at Christmas and Easter. The printed text of the supplementary scenes are provided with the records. Used in conjunction with the book, these records are a valuable teaching aid both for class use and individual study.

The records can be ordered through booksellers or direct from BBC Publications, **PO Box 234, London SE1 3TH.**

THE TOWN ...

Chaviray is an imaginary town of about 80,000 inhabitants situated somewhere in the West of France, about half way between Tours and Le Mans. The river Choir winds round a sharp rock on which a succession of castles have been built since the Roman occupation. It is a French provincial town, poised between the past and the future: on the one hand, historic buildings and picturesque old neighbourhoods, and on the other, skyscraper blocks of flats on the edge of town, and beyond, the new industrial estates.

Down by the river there is one *quartier*, not particularly historical or beautiful, but full of life: the older buildings are gradually being modernised and new buildings are being dovetailed into odd spaces – in particular the strikingly modern block of flats, *Résidence Cassiopée*, (on the site of an old factory which was burned down). There is another vacant site in the neighbourhood, which is crossed by the *rue des Galets* and the *rue des Bouteilles*: the site of the old gasworks. It was considered for the new *Maison de la Culture*, but turned down because of the traffic problems it would lead to: but there are rumours that it may be used for a supermarket . . .

... AND THE PEOPLE

JOSEPH SERVANT is 48 years old; he inherited his father's grocer's shop in the *rue des Galets*, which he runs with his wife GISELE who, like her husband, has spent all her life in Chaviray. Their little shop is prosperous enough to have paid for their country cottage, though all this may change if they have to face competition from a supermarket down the street. They have two daughters: the elder, LUCIENNE, is 17 and in her last year at the Lycée Charlotte Corday where she is due to sit her baccalauréat this year; she is passionately interested in the theatre and welcomes the coming of the Maison de la Culture, as this will mean that there will be professional theatre for her and her boy-friend JEAN-FRANÇOIS DURAND, who is also coming into the final straight before his baccalauréat. The two are often to be found in the *Cinétic*, a lively modern café in the town centre – usually alone, but sometimes with one of Lucienne's classmates SYLVIE DUCHÊNE.

Along the *rue des Galets* is the *Résidence Cassiopée*, where EMMANUELLE and MICHEL BAUDRECOURT (who are both in their late 20s) live in a splendid modern flat on the third floor. They recently moved to Chaviray from Paris, where they were married 18 months ago. Emmanuelle takes life in a relaxed, amused way – including her work teaching French literature at the *Lycée Charlotte Corday*; Michel is a highly qualified engineer and works for Cuisinor, a firm specialising in heating and kitchen equipment. They met while studying in Paris where Emmanuelle was brought up, and where her father first met Francis Sautier when they were students before the war.

FRANCIS SAUTIER , who is a painter, belongs to an old Chaviray family and lives in the family house in the *rue des Galets*. He is in his fifties – a friendly, jovial man,

Emmanuelle and
Michel's flat in
Résidence Cassiopée

Mme. Trépas

Francis' house

Mme. Gousse

Bus stop used
by Denise and
Jean-François

Servants' flat
and shop

PAPETERIE
JOURNAUX

M. Sayche

DEFENSE
D'AFFICHER

RUE DES BOUTEILLES

Pharmacie

E. Servant

RUE DES GALETS

M. Tenaille

Site of
old gasworks

Bar ery

though something of a mystery, in particular where his past is concerned: as he draws a veil over it so shall we. But he is very well known in the world of art, even in Chaviray.'

Francis is not very domesticated but fortunately DENISE GUILBOT comes in twice a week to keep his house in order. She began to work for him when she lived just off *rue des Bouteilles* and had to give up her job in a laboratory to look after her newly born son Rémy (who is now 11). Since then she and her husband ANDRE, who is a specialist electrician currently working on the Maison de la Culture, have moved to a new flat in a tall block on one of the outer boulevards. But Denise likes her work and the neighbourhood, so she still comes to work for Francis, who puts her in touch with Emmanuelle as well.

Denise and André are Chaviréens by birth and both belong to large families. The relatives we shall meet are André's father, who is in his sixties, a traditional weather-beaten retired sailor who can turn on devastating charm when he wants to. He turns it *off* most emphatically when faced with his sisters-in-law, André's aunt ELEONORE and Denise's aunt LEONIE, two women with minds of their own, who are liable not to be on speaking terms for long periods. They nearly come to blows over a scandal concerning MADAME SANI, an attractive middle-aged widow who can be something of a battle-axe when she chooses (though not when André's father is around . . .)

Next door to Francis' house in the *rue des Galets*, behind a lace-curtained glass door marked *Concierge* sits MADAME TREPAS, keeping a sharp eye on goings-on in the street outside, and storing away all the news she hears to pass it on to her old friend MADAME GOUSSE , a retired flower seller living in *rue des Bouteilles*.

Apart from these Chaviréens, Michel and Emmanuelle play hosts during the festival to their old student friend MARIANNE JALAIS, now a columnist with the chic woman's magazine *Marie-Chantal*, who arrives with her half-English man friend EDOUARD BLACK.

A fairly ordinary town, a quiet neighbourhood, but things keep happening behind closed windows. Actually, this Autumn the weather is still mild, so most of the windows and all the street doors are open . . .

	Gisèle Servant	The Servants' small grocery shop in Chaviray,
	Joseph Servant	one morning towards the end of the holiday
	Francis Sautier	period. Joseph Servant is dressing the window,
		while Gisèle is tidying up the shop. Francis
		Sautier has just been out to pick up the news-
		paper, and drops in to say hallo . . .

Francis Bonjour, Madame Servant!

Gisèle Ah! Monsieur Sautier! Vous êtes de retour! Entrez! Entrez! Alors, de bonnes vacances?

Francis Excellentes, merci. Et vous?

Gisèle Oui, merci, des vacances très tranquilles.

Francis A l'hôtel?

Gisèle Ah, non, nous cherchons le calme! Nous avons une jolie petite maison à la campagne. Le village est calme et sympathique; enfin, c'est la vie tranquille!

Francis Et maintenant, vous reprenez le travail, n'est-ce pas?

Gisèle Comme vous voyez, je mets de l'ordre dans le magasin et Monsieur Servant fait la vitrine. Joseph! Monsieur Sautier est là!

Joseph Ah, bonjour, Monsieur Sautier! Attendez, j'arrive!

Francis Attention, vous tombez!

Joseph} Aïe!
Gisèle} Joseph!

Francis Ça va?

Joseph	Ça va, merci. Je refais la vitrine, c'est tout.
Gisèle	Mais Joseph, il est tard!
Francis	Mais je suis là, Madame Servant! J'aide votre mari. Je passe les boîtes et les bouteilles à Monsieur Servant, et voilà!
Joseph	Vous êtes vraiment aimable, Monsieur Sautier.
Francis	Bon, d'abord la grande boîte, n'est-ce pas?
Joseph	Oui, les petits pois. Et les haricots verts. Et maintenant une bouteille de vin blanc.
Francis	La grande bouteille verte? La voici.
Joseph	Et la bouteille de vin rouge, s'il vous plaît.
Francis	Oh, elle est cassée . . .
Gisèle	Voici une autre bouteille. Et le grand paquet de sucre.
Francis	Et les petites boîtes.
Joseph	Attendez, je fais une pyramide. Les petits pois là, les haricots verts ici, une bouteille là — au sommet — voilà! Maintenant les petites boîtes, et la vitrine est faite. Merci, Monsieur Sautier!
Francis	De rien. Au revoir Madame, au revoir Monsieur Servant.
Joseph *Gisèle* }	Au revoir, Monsieur Sautier.
Joseph	Bon, maintenant je descends.
Gisèle	Joseph, attention! Oh là là là là là là là là . . .

Denise Guilbot *Francis Sautier*	*Francis' house in the rue des Galets. Denise has just finished the housework, but before she goes home she would like to know more about the new job Francis has suggested . . .*

Denise	Le mari de Madame Baudrécourt est ingénieur, n'est-ce pas?
Francis	Oui, il travaille à l'usine Cuisinor, sur la route de Paris.
Denise	Ah oui! Et comment est Madame Baudrécourt?
Francis	Emmanuelle est une personne sympathique. Elle est intellectuelle, mais est-ce que les intellectuels sont différents des autres?
Denise	Oh non! Mais ils sont quelquefois . . . ennuyeux.
Francis	Pas Emmanuelle. Elle est vraiment sympathique.
Denise	Hmm . . . Est-ce qu'elle est jeune?
Francis	Très jeune. Elle a peut-être vingt-cinq ans.
Denise	Et elle est professeur, n'est-ce pas?
Francis	Oui, elle est professeur de français au Lycée Charlotte Corday.
Denise	C'est une chance. J'aime beaucoup les livres.
Francis	Vous connaissez la Résidence Cassiopée?
Denise	Oui. La maison est très belle. Est-ce que l'appartement des Baudrécourt est grand?
Francis	Il y a un salon, une salle à manger, des chambres . . .
Denise	Et une cuisine et une salle de bains, n'est-ce pas? C'est immense!
Francis	C'est grand, mais c'est très moderne et propre. C'est tout nouveau.
Denise	. . . Il y a une concierge?
Francis	Mais oui, il y a une concierge, une vieille dame très sympathique. Allons, rassurez-vous! A demain, Denise!

MOTS ET EXPRESSIONS

l'appartement (M)	flat	le lycée	lycée,
la boîte	tin		secondary school
calme	calm, quiet	le paquet	packet
la campagne	country, countryside	propre	clean
cassé (cassée)	broken	la pyramide	pyramid
descendre	get down, go down	reprendre	start again
différent (différente)	different		get back to (work)
immense	immense, huge	la résidence	block of flats
l'ingénieur (M)	engineer	le sommet	top
l'intellectuel (M)	intellectual	sympathique	nice, pleasant
l'intellectuelle (F)		tranquille	calm, quiet
joli (jolie)	pretty	l'usine (F)	factory
		la vitrine	shop window

comme vous voyez	as you can see
je mets de l'ordre	I'm tidying up
Monsieur Sautier est là!	Monsieur Sautier's here!
vous êtes vraiment aimable	you're too kind
comment est Madame Baudrécourt?	what's Madame Baudrécourt like?
c'est une chance!	that's a stroke of luck!
rassurez-vous!	buck up! don't be frightened!

QUELQUES NOTES SUR LA VIE

Madame la concierge (sometimes **Monsieur le concierge**) is far more than a caretaker in the British sense. She (or he) looks after the heating system, cleans the entrance and the stairs, distributes the mail and generally runs her block of flats. The job is a very responsible one, and in the late eighteenth century included periodic reports to the police as to the respectability and ideological soundness of tenants in the building. As she (or he) lives in a little flat by the main entrance, the concierge is usually a mine of information about the building and the neighbourhood.

Ça va is one of the most hard-worked phrases in the French language. It is used every day as a greeting, corresponding to *Hallo!* or *Hi!* and is as far removed from its role as a question as the English *How are you?* However, after Joseph's fall, Francis asks **Ça va?** to find out if Joseph really is all right. Most often it is simply a greeting: **Ça va?** to which the appropriate reply is: **Ça va!**

Monsieur/Madame

To English ears, **Monsieur** and **Madame** seem to crop up all the time in everyday conversation — certainly far more often than *Sir* or *Madam*, as they do not have the hyper-respectful overtones of the English words. **Un monsieur** is used in the same contexts as *a gentleman* — but the word corresponding to **Madame** is **une dame**.

Surnames

These are invariable: there are no special plural forms.

So, Monsieur et Madame Baudrécourt = les Baudrécourt.
Monsieur et Madame Servant = les Servant.

QUELQUES NOTES SUR LA LANGUE

Les haricots

Nouns beginning with *h* fall into two types: those beginning with the 'normal' *h*, which is not pronounced, so that the noun is treated as if it began with a vowel, e.g. **un homme, l'homme**; the second category begins with the so-called '*h* aspirate' — it is not pronounced either, but it prevents elision of articles or adjectives in front of the noun, e.g. **un haricot, le haricot**. The distinction is particularly clear in the plural: **les hommes**, like **les appartements** has a liaison between the article and the noun, i.e. the **s** of **les** is pronounced (as **z**). On the other hand, in **les haricots, les** is pronounced as in **les maisons**.

There is no rule to determine which nouns will have *h*-aspirate, so the simplest way of coping with this distinction is to watch for the definite article which is always given in the word lists in this book.

il est : est-il?   il a : a-t-il?

When the subject and verb are inverted so that the verb comes first, **t** is always inserted before **il** or **elle** except when the verb ends with **t** or **d**

e.g.　il est : est-il?　　　　*but*　　　il a : a-t-il?
　　　elle vend : vend-elle?　　　elle donne : donne-t-elle?
　　　　　　　　　　　　　　　il y a : y a-t-il?

NB.　Whenever the verb is spelt with a final **e**, even though it is not pronounced, it is necessary to insert the **t** : il achète : achète-t-il?

The most frequently used forms are **a-t-il?** and **y a-t-il?**

Articles
1. Definite article (THE)

le magasin	la maison	singular
l'appartement	l'usine	
les magasins	les maisons	plural
les appartements	les usines	

	m	f
singular	le	la
	l' (with vowel)	
plural	les	

			m	f
de + definite article (NB. two new forms)		singular	DU	de la
			de l' (with vowel)	
		plural	DES	

			m	f
à + definite article (NB. two new forms)		singular	AU	à la
			à l' (with vowel)	
		plural	AUX	

2. Indefinite article (A, AN, etc.)

			m	f
un magasin	une maison	singular	un	une
un appartement	une usine	plural	des	
des magasins	des maisons			
des appartements	des usines			

3. Use of articles

Definite and indefinite articles are not always used in the same way as in English. They are often used where English has no article:

example 1: Vous avez **des** cigarettes?
$\left\{\begin{array}{l}\text{Have you some cigarettes?}\\\text{Have you any cigarettes?}\\\text{Do you have cigarettes?}\end{array}\right.$

example 2: J'aime **les** livres.   I like books.

When simply stating a person's profession, no article is used in French. Compare the following examples:

Emmanuelle est professeur.   Emmanuelle is *a* teacher.
Michel est ingénieur.   Michel is *an* engineer.
BUT
Emmanuelle est un bon professeur.   Emmanuelle is a good teacher.

Adjectives

1. Number and gender

Adjectives agree with their noun — i.e. they take the same number and gender.

Gender: the most common way of making feminine adjectives is to add **e** to the masculine form: petit-petit**e**
                                 grand-grand**e**
                                 bleu-bleu**e**

This is the *only* way to form the feminine when the masculine ends in -**é**: fatigué-fatigué**e**

When the adjective already ends in **e**, there is no distinction between masculine and feminine: **calme**.

Number: the most common way of turning a singular adjective into a plural one is, as with nouns, to add an **s** (which is not pronounced).

NB. These are only the most common procedures: there are many variants. When adjectives are not invariable or do not form their feminine by adding -**e**, the feminine form is given in the word list and glossary. Plurals not formed by adding -**s** are indicated in the same way.

2. Special forms

Some adjectives have a special masculine form for use with singular nouns beginning with vowels.

    e.g.   M (with consonant)   nouveau   vieux   beau
           M (with vowel)   **nouvel**   **vieil**   **bel**

    e.g.   un **nouvel** appartement
           un **bel** homme

3. Position of adjectives

In French most adjectives *follow* the noun, unlike English adjectives. However, in this course you will find many examples of adjectives which precede the noun: these usually belong to a set of frequently used adjectives listed below.

autre	autre	joli	jolie
beau (bel)	belle	mauvais	mauvaise
bon	bonne	nouveau (nouvel)	nouvelle
faux	fausse	petit	petite
grand	grande	vieux (vieil)	vieille
jeune	jeune	vrai	vraie

NB. The order is frequently reversed, putting the above adjectives after the noun, or others in front of it, in order to emphasise the adjective.

If **autre** is combined with another adjective placed before the noun, **autre** always comes first e.g.:   Une autre maison.
                          Une vieille maison.
                          Une **autre** vieille maison.

Articles—2 (Use of articles)

When an adjective precedes a noun, **des** is replaced by **de** as the indefinite article in the plural.

une maison immense   des maisons immenses
                  BUT
une petite maison   de petites maisons
                          d'autres petites maisons   etc.

The Present Tense

The present tense in French corresponds to both English present tenses, e.g. **Il travaille** corresponds to *He works* and *He is working.*

A quick checklist of the verbs used in this lesson:

	aider	attendre	mettre	faire	connaître
JE	aide	attends	mets	fais	connais
TU	aides	attends	mets	fais	connais
IL/ELLE	aide	attend	met	fait	connaît
NOUS	aidons	attendons	mettons	faisons	connaissons
VOUS	aidez	attendez	mettez	faites	connaissez
ILS/ELLES	aident	attendent	mettent	font	connaissent

aider	aimer, arriver, chercher, entrer, habiter, passer, tomber, travailler
attendre	descendre
faire	refaire

	avoir	*être*
JE	j'ai	suis
TU	as	es
IL/ELLE	a	est
NOUS	avons	sommes
VOUS	avez	êtes
ILS/ELLES	ont	sont

The imperative: The imperatives are formed by using the **nous** or **vous** forms of the present tense on their own, i.e. without a pronoun.

e.g. **Attendons!** Let's wait! **Attendez!** Wait!

NB. The prefix **re-** is used in much the same way as in English. There are two examples in this lesson.

C'est/Ce sont

Voici une maison. **C'est** une grande maison.

Remember to use the plural form when the noun is plural:

Voici des maisons. **Ce sont** de grandes maisons.

NB. In familiar spoken French you will often hear **c'est** used with plural nouns. Strictly speaking this is ungrammatical, so we have not used it in this course.

Questions

There are three main ways of making interrogatives.

1. The simplest way is to take a statement, which has a falling intonation, i.e. the voice drops at the end, and **change the intonation** so that the voice rises.

There are many examples of this in the dialogues and exercises. Listen for them and imitate them.

2. Statements can be prefaced by the formula **Est-ce que . . . ?**

e.g. Vous êtes de retour. **Est-ce-que** vous êtes de retour?
Elle est jeune. **Est-ce-qu'**elle est jeune?

3. If the subject is a pronoun (**je, nous, il,** etc.), the order of subject and verb can be inverted, i.e. **place the subject after the verb.**

> e.g.   Vous êtes de retour.   **Etes-vous** de retour?
> Elle est jeune.   **Est-elle** jeune?

(See note on **il est : est-il** above).

N'est-ce-pas?

The three types of question presented above are all open to the answers *yes* or *no*. If you are fairly sure of the answer in advance, and are really only looking for confirmation, you can use a different formula. Instead of the three interrogatives already mentioned, take the statement and *follow* it with . . . **n'est-ce pas?**

> e.g.   Vous êtes de retour.   Vous êtes de retour, n'est-ce pas?
> Elle est jeune.   Elle est jeune, n'est-ce pas?

Ici/Là   Voici/Voilà   Je suis ici/là

ici here. **là** there. This opposition is reflected in many words and phrases used in everyday French.

Voici is generally used when the speaker is near the object or is actually presenting it.

Voilà is used when the speaker is some distance from the object.

> **Voici le livre.** (He's got it in his hand.)   **Le voici.** Here it is.
> **Voilà le livre.** (He's pointing at it.)   **Le voilà.** There it is.

Voilà is also used when a task has been completed (or a problem resolved) — for instance, as every circus-goer knows, when one has reached the other end of the tightrope.

Je suis là! Corresponds to the general idea of 'I'm here'—the speaker is in the same place as the listener.

Je suis ici! usually means the speaker is not in the same place as the listener. If you say it, you probably want people to come after you.

EXERCICES

1

Je cherche **le** lycée.	Voilà **un** lycée.
Je cherche la résidence.	....
Je cherche le paquet.	....
Je cherche les boîtes.	....
Je cherche les petits pois.	....
Je cherche le magasin.	....
Je cherche l'usine.	....
Je cherche la boîte.	....
Je cherche les bouteilles.	....

2   Je voudrais **des** petits pois.   Voici **les** petits pois.

Je voudrais des haricots.   ....

Je voudrais une bouteille.   ....

Je voudrais un paquet.   ....

Je voudrais des livres.   ....

Je voudrais un appartement.   ....

Je voudrais une maison.   ....

3   C'est l'appartement de Michel? (la concierge)   Non, c'est l'appartement de la concierge.

C'est l'appartement de la concierge? (l'ingénieur)   ....

C'est l'appartement de l'ingénieur? (le professeur)   ....

C'est l'appartement du professeur? (Emmanuelle)   ....

C'est l'appartement d'Emmanuelle? (le monsieur)   ....

C'est l'appartement du monsieur? (les professeurs)   ....

C'est l'appartement des professeurs? (la dame)   ....

C'est l'appartement de la dame? (les Servant)   ....

4   Gisèle parle **à** Monsieur Sautier.

Maintenant voici Joseph.   Gisèle parle **à** Joseph.

Maintenant voici le professeur.   ....

Maintenant voici l'ingénieur.   ....

Maintenant voici la dame.   ....

Maintenant voici les filles.   ....

Maintenant voici le monsieur.   ....

Maintenant voici les Baudrécourt.   ....

Maintenant voici la concierge.   ....

Exercice écrit

Choose the appropriate pronoun, make sure the adjective is the right number and gender, and link them to make a sentence, as in the example.

Example:	Le Monsieur?	français	Il est français.
	Et le vin?	bon	....
	Et l'hôtel?	mauvais	....
	Et la maison?	beau	....
	Et les bouteilles?	vert	....
	Et les appartements?	nouveau	....
	Et les vacances?	tranquille	....
	Et la concierge?	vieux	....
	Et la salle de bains?	moderne	....
	Et les boîtes?	cassé	....
	Et la vitrine?	fait	....
	Et les gâteaux?	excellent	....
	Et la dame?	grand	....

(Answers on page 177)

André Guilbot		The Guilbots' flat. Denise is in the bedroom,
Denise Guilbot		with the vacuum cleaner. André is in the kitchen.
		He calls to Denise . . .

André Denise! . . . Denise!!

Denise Oui . . .

André Tu as lu la lettre de papa?

Denise Mais non . . . Nous avons reçu du courrier ce matin?

André Oui. J'ai posé la lettre de papa sur la petite table dans l'entrée.

Denise C'est celle-ci? . . . une enveloppe bleue?

André C'est cela!

Denise Ecoute, André . . . (Elle lit)

'Chers enfants,

J'ai rencontré Léonie l'autre jour. Comme d'habitude elle a donné des nouvelles de la famille. Alors, vous avez déménagé? Tant mieux! Rémy a sûrement aimé ce changement!

J'ai fait un voyage à Brest il y a quinze jours. Il a fait très beau cette semaine-là. J'ai vu les amis de la famille.

J'ai vendu le vieux sofa du salon et j'ai acheté deux fauteuils confortables.'

André Ah! Papa ne change pas. Je . . . je . . . je. J'ai fait, j'ai vu, j'ai voyagé . . .!

Denise Attends. Je continue.

'La semaine dernière j'ai gagné un poste de télévision au concours de L'*Echo de l'Ouest*, j'ai eu de la chance, mais vous avez certainement vu la nouvelle dans le journal. D'ailleurs Léonie a raconté l'événement à tout le monde, certainement!

J'ai parlé à Monsieur Gabit, hier. Il va à Chaviray bientôt. J'ai retenu une place dans la voiture, alors . . .

A bientôt!

Euphraste Guilbot'

Toujours le même!

André	Eh oui, le goût des voyages! Il a voyagé pendant toute sa vie dans la marine et il a gardé les bonnes habitudes!.
Denise	Il vient à Chaviray. Enfin, cette fois-ci il a écrit, au moins! *(On sonne à la porte . . .)*
André	Denise . . .!
Denise	Ah non!! C'est impossible . . . *(Elle va à la porte)* . . . Bonjour, grand-père!

Emmanuelle Baudrécourt	*The Servants' shop. The day's last cus-*
Gisèle Servant	*tomer comes in. It is Emmanuelle, after a hard day's work, with some last-minute errands . . .*

Emmanuelle	Avez-vous de l'huile d'olive, s'il vous plaît?
Gisèle	Hélas, non. Je suis désolée.
Emmanuelle	Est-ce que vous avez de l'huile ordinaire?
Gisèle	Non, mais j'ai reçu de l'huile de maïs aujourd'hui. Vous voulez essayer?
Emmanuelle	D'accord—et je voudrais aussi de la bière. Deux bouteilles, s'il vous plaît.
Gisèle	Voici. Et avec cela, Madame
Emmanuelle	Voyons... Ah! Zut! J'ai oublié la liste de provisions. Bon, tant pis... Avez-vous des oranges juteuses?
Gisèle	Mais oui, celles-ci ou celles-là?
Emmanuelle	Celles-ci sont bonnes?
Gisèle	Cette année elles sont très bonnes.
Emmanuelle	Et du beurre, s'il vous plaît.
Gisèle	Oui, celui-ci? Le grand paquet?
Emmanuelle	Non, celui-là—le petit.
Gisèle	Voilà!
Emmanuelle	Je voudrais aussi deux citrons, s'il vous plaît.
Gisèle	Ceux-ci?
Emmanuelle	Non, ceux-là, dans la petite caisse.
Gisèle	Ce sont les mêmes. Mais ils sont encore verts.
Emmanuelle	Ah bon. Alors, c'est tout. Est-ce que j'ai pris cette boîte d'allumettes sur le comptoir?
Gisèle	C'est celle-ci, n'est-ce pas?
Emmanuelle	Ah, merci. Décidément, ce soir je suis fatiguée.
Gisèle	C'est toujours comme ça le jour de la rentrée.
Emmanuelle	Le premier jour, le travail est vraiment difficile.
Gisèle	C'est sûrement fatigant! Avez-vous de grands élèves?
Emmanuelle	Cette année j'ai les classes terminales.
Gisèle	Excusez-moi, vous avez peut-être remplacé cet homme charmant, Monsieur . . . Monsieur Hauvain, n'est-ce pas? Le professeur de français.
Emmanuelle	C'est cela. Avez-vous des enfants au lycée Charlotte Corday?
Gisèle	J'ai une fille, Lucienne. Elle est en classe terminale.

Emmanuelle	Lucienne... Lucienne Servant... c'est cette grande fille aux grands yeux bleus, n'est-ce pas?
Gisèle	C'est ça. Elle a vraiment du travail cette année, pour l'examen!
Emmanuelle	Ah! Cet examen!
Gisèle	Mais elle est bavarde, n'est-ce pas? Elle ne pense pas beaucoup à l'examen.
Emmanuelle	Oh, c'est trop tôt pour le dire...
Gisèle	Ah! Ces enfants!

MOTS ET EXPRESSIONS

bavard	talkative	l'événement (M)	event
la caisse	crate	l'examen (M)	examination
le changement	change	fatigant	tiring
charmant	charming	gagner	win
le citron	lemon	l'huile de maïs (F)	corn oil
les classes terminales	upper sixth (see note)	juteux (juteuse)	juicy
le comptoir	counter	la liste de provisions	shopping list
le concours	competition	la marine	navy
le courrier	mail	raconter	tell
décidément!	really!	recevoir (reçu)	receive
le déménagement	removal	remplacer	replace
déménager	move house	la rentrée	first day of term (see note)
écrire (écrit)	write	sûrement	certainly
l'élève (M or F)	pupil (boy or girl)	tant mieux	so much the better
essayer	try, try out	zut!	blast! bother!

Chers enfants	Dear children, My dear children
cette fille aux grands yeux bleus	that girl with the big blue eyes
c'est trop tôt pour le dire	it's too soon to say.

QUELQUES NOTES SUR LA VIE

La rentrée refers to the beginning of the school year, after the summer holidays, but it also refers to the end of the holiday period in general — traditionally the month of August.

Les classes terminales. The highest form in the lycée, corresponding (at least in age) to the British upper sixth.

Tu/Vous

The standard, 'polite' form of address in French is **vous**, used with the plural form of the verb: **Comment allez-vous? Vous voulez du café?** It is generally used with strangers and people one does not know very well.

Tu is less formal and is generally used between members of a family, close friends, everyday colleagues — in short, members of the same group. It is by far the most frequent form used among the under-twenties.

Examples: Emmanuelle and Michel use **tu** to each other. So do Joseph, Gisèle and Lucienne.

André and his workmates generally use **tu** (but not to the manager, and the manager uses **vous** to them). André and Denise use **tu**, of course, but André's colleagues would use **vous** with Denise.

Emmanuelle and Francis use **vous**, because although Francis is an old friend of Emmanuelle's father they have only recently begun to meet frequently.

Vous is generally the most appropriate form for use by a foreigner. Therefore we have used this form exclusively in the exercises. However, the dialogues use **tu** systematically where it is appropriate. It is best, however, to wait for French speakers to give the lead.

QUELQUES NOTES SUR LA LANGUE

un an/une année   le jour/la journée   le soir/la soirée

Generally speaking the forms **un an, un jour, un soir** are used when the year, the day or the evening are considered as points in time: the forms **une année, une journée, une soirée** convey the idea of a period of time, of 365 days, 24 hours or 6 p.m. to midnight. So, if an event is situated within or occupies a year, etc., the -**née** forms will be used.

du beurre/de l'huile/de la bière

The articles **du, de l'** and **de la** used here are known traditionally as the *partitive article.* They can be thought of as indefinite articles in the singular used with things that cannot be counted (e.g. commodities). For instance **du sucre, du café, de la bière** and so on. The three forms are:

> **du** (masculine, before a consonant)
> **de l'** (masculine or feminine before a vowel)
> **de la** (feminine before a consonant)

Examples:
Je voudrais **du** sucre (**de l'**huile). I'd like some sugar (some oil).
Est-ce que vous avez **du** sucre (**de l'**huile)? Have you any sugar (any oil)?

NB. For things that can be counted use **un/une, des**:
une orange : **des** oranges
Je voudrais **une** orange. Est-ce que vous avez **des** oranges?

19

Demonstratives (1)

Demonstratives correspond to the English *this* and *that*. But whereas *this* and *that* can stand on their own or introduce nouns (i.e. function as pronouns or as adjectives), French has different forms for the different functions, and these forms vary according to the number and gender of the nouns to be introduced or replaced.

1. Demonstrative adjectives

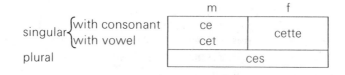

		m	f
singular	with consonant	ce	cette
	with vowel	cet	
plural		ces	

The demonstrative adjective can be used with any noun on its own. When there is a choice between two things, the *this-that* opposition is conveyed by adding **-ci** or **-là** to the noun (see lesson 1, note on ici-là).

e.g.
a **Ce** paquet-**ci** ou ce paquet-**là**?
b **Cet** examen-**ci** ou cet examen-**là**?
c **Cette** orange-**ci** ou cette orange-**là**?
d **Ces** livres-**ci** ou ces livres-**là**?
e **Ces** filles-**ci** ou ces filles-**là**?

2. Demonstrative pronouns

	m	f
singular	celui- {ci / là}	celle- {ci / là}
plural	ceux- {ci / là}	celles- {ci / là}

The examples above would give the following versions, using pronouns:

a Celui-ci ou celui-là?
b Celui-ci ou celui-là?
c Celle-ci ou celle-là?
d Ceux-ci ou ceux-là?
e Celles-ci ou celles-là?

The Perfect Tense

The Perfect Tense is formed with an *auxiliary verb* followed by a *past participle*.

The auxiliary verb is the present tense of **avoir**:

j'ai
tu **as**
il/elle **a**
nous **avons**
vous **avez**
ils/elles **ont**

The past participle is formed in various ways. With verbs whose infinitives end in -er, the past participle is formed by transforming -er into -é: **aider-aidé, habiter-habité,** etc. Other past participles are formed in various ways, depending on the type of verb. To avoid lengthy, complicated rules, we have simply listed past participles (other than those in -é or the **finir-fini** type) in word lists and the glossary.

The combination of auxiliary verb and past participle gives the *Perfect Tense*:

(oublier-oublié)	J'oublie la liste.	J'ai oublié la liste.
(travailler-travaillé)	Tu travailles à l'usine.	Tu as travaillé à l'usine.
(recevoir-reçu)	Elle reçoit l'huile.	Elle a reçu l'huile.
(aider-aidé)	Nous aidons Joseph.	Nous avons aidé Joseph.
(reprendre-repris)	Vous reprenez le travail.	Vous avez repris le travail.
(refaire-refait)	Joseph refait la vitrine.	Joseph a refait la vitrine.

Use of the perfect: generally speaking, the perfect tense corresponds to a single action, or at least to a completed action or series of actions in the past.

NB. All verbs taking **avoir** as auxiliary can have direct objects:
  e.g. in the above examples, *la liste, l'huile, Joseph . . .*

Il y a eu

The perfect of **il y a** (there is/are) is **il y a eu.**

EXERCICES

1
Voici **le** vin.	Ah oui, je voudrais **du** vin.
Voici le café.	....
Voici la salade.	....
Voici l'huile.	....
Voici la bière.	....
Voici l'alcool.	....
Voici le cognac.	....
Voici l'eau.	....
Voici la limonade.	....
Voici l'aspirine.	....

2
Voici **le** vin.	Ah, non, je ne veux pas **ce** vin.
Voici l'huile.	....
Voici la bouteille.	....
Voici les citrons.	....
Voici le sucre.	....
Voici les oranges.	....

3
Voilà l'homme du magasin.	Vous connaissez **cet** homme?
Voilà le professeur du lycée.	....
Voilà l'ingénieur de l'usine.	....
Voilà la fille de la concierge.	....
Voilà les élèves du lycée Charlotte Corday.	....
Voilà les jeunes filles de Paris.	....

'4 Je voudrais **le** livre d'Emmanuelle. C'est **celui-ci** ou **celui-là**?
    Je voudrais le paquet de Lucienne. ....
    Je voudrais la lettre du grand-père. ....
    Je voudrais la boîte d'allumettes. ....
    Je voudrais les paquets de sucre. ....
    Je voudrais les citrons juteux. ....
   Je voudrais les boîtes de petits pois. ....

5   André **vend** le sofa? Il **a vendu** le sofa l'an dernier.
   Léonie rencontre Monsieur Guilbot? ....
 Emmanuelle connaît Monsieur Hauvain? ....
     Vous achetez un appartement? ....
     Vous essayez l'huile de maïs? ....
      Vous passez un examen? ....

Exercice écrit

Make sentences using the following groups of three words, following the example given below.

       lycée-grand-petit **Ce** lycée est grand, mais **celui-ci** est petit.

    boutique-moderne-vieux ....
     élève-excellent-bavard ....
    ingénieur-charmant-beau ....
    homme-difficile-aimable ....
     boîte-ordinaire-bizarre ....
      huile-bon-excellent ....
      élèves-jeune-grand ....
      citrons-acide-vert ....
     orange-sucré-juteux ....
    concierge-aimable-beau ....

       (Answers on page 177)

Gisèle Servant
Lucienne Servant

The Servants' shop, late afternoon. Lucienne arrives home at the end of the first week of the new term . . .

Gisèle	Ah, tu es rentrée!
Lucienne	Ouf! La première semaine est finie . . . je suis déjà fatiguée!
Gisèle	Tu commences bien l'année! Tu as retrouvé beaucoup d'amis?
Lucienne	Tout le monde est revenu, je crois.
Gisèle	Ah! Est-ce que les filles Tronche sont revenues?
Lucienne	Non, c'est vrai. Elles sont parties à La Haye-Pirey.
Gisèle	Et Jacques Tronche, le fils, il est parti?
Lucienne	Il est revenu la semaine dernière, pour dire au revoir.
Gisèle	La famille Tronche est donc partie définitivement?
Lucienne	Oui, sans doute! . . .
Gisèle	Il y a eu d'autres changements? Enfin, ce cher Monsieur Hauvain est allé à Paris, non?
Lucienne	Oui, il est parti. Le nouveau professeur de français est arrivé—c'est une jeune femme sympathique, dynamique . . .
Gisèle	Je sais, je sais! Elle est venue au magasin.
Lucienne	Ah!!! Quand?
Gisèle	Eh bien, l'autre jour . . . Elle est passée rapidement.
Lucienne	Vous avez parlé . . . ?
Gisèle	Oh, très peu. Je suis toujours fatiguée le soir, comme Madame . . . Madame Baudruche.

Lucienne	Mais non. Bau-dré-court!
Gisèle	Bau . . . Baudrécourt. C'est compliqué, ça, mais c'est joli!
Lucienne	Elle est bien habillée, tu ne trouves pas?
Gisèle	Elle est venue en pantalon et pull-over . . . mais elle a beaucoup d'allure.
Lucienne	Elle est restée longtemps avec nous cette semaine . . . Nous avons beaucoup parlé, beaucoup réfléchi.
Gisèle	Alors pour une fois tu es ravie!!
Lucienne	Mais pourquoi pas?

Emmanuelle Baudrécourt *Francis Sautier*	The Baudrécourts' flat. The doorbell rings—Francis has dropped round to see how Michel and Emmanuelle are settling in . . .

Francis	Bonsoir Emmanuelle, ça va?
Emmanuelle	Francis! Vous êtes quand même venu?
Francis	Je suis très occupé en ce moment. Et vous deux, vous êtes devenus de vrais Chaviréens, non?
Emmanuelle	Oh! Nous ne sommes pas vraiment intégrés—pas encore! Nous avons tous les deux des difficultés avec la circulation!
Francis	Vraiment. Après Paris?
Emmanuelle	Les rues sont si encombrées! La place du Marché, par exemple: avec tous les petits marchands, il est impossible de passer! Ils vendent sur la rue même!
Francis	Mais c'est ça le charme de la province!
Emmanuelle	Et puis, les sens interdits, les sens obligatoires sont très compliqués! Cet après-midi je suis arrivée en retard au lycée!
Francis	Vous commencez bien!
Emmanuelle	Voilà! C'est tout simple: je suis allée à la Bibliothèque Municipale et je n'ai pas retrouvé le chemin du lycée! Par mégarde je suis entrée dans un parking—celui d'un supermarché!
Francis	Ah! Ces filles! Ma petite Emmanuelle, il y a des plans de Chaviray . . . Monsieur Sayche, au bureau de tabacs tout à côté, vend cela. Ecoutez, je descends et je reviens dans deux minutes avec un plan.
Emmanuelle	Bonne idée! Francis, vous êtes formidable!
Francis	Mais non mais non mais non . . .
Emmanuelle	Pendant ce temps-là je prépare le repas et vous dînez avec nous, d'accord? (*Sonnerie*) D'ailleurs voilà Michel!

LE SENS INTERDIT   LE SENS OBLIGATOIRE

MOTS ET EXPRESSIONS

la Bibliothèque Municipale	Public Library	encombré	congested, crowded
le bureau de tabacs	tobacconist	intégré	integrated
le charme	charm	le parking	car park
chaviréen	adjective derived from Chaviray...	la province	the provinces
le chemin	the way	quand même	all the same, after all
la circulation	traffic	réfléchir	think
définitivement	permanently	retrouver	find (thing) meet up with again (people)
dîner	dine	le sens interdit	no entry
sans doute	no doubt	le sens obligatoire	one-way street
dynamique	full of energy	le supermarché	supermarket

bien habillé	well dressed
pourquoi pas?	why not?
tous les deux	both
par mégarde	inadvertently
pendant ce temps-là	meanwhile

QUELQUES NOTES SUR LA VIE

Chaviréen

All large and medium-sized towns, and most villages, have adjectives derived from their names. These are used in the same way as adjectives of nationality (i.e. with a capital letter when they are nouns. **Une Parisienne** comes from Paris—**elle est parisienne**); they are also used, particularly in the case of smaller communities, in the titles of clubs and associations, local sports teams and so on. As one can see from the sample given below, they usually follow the place name fairly closely, using the suffixes **-ain, -ais, -éen, -ien** or **-ois**. Some, however, are older than the actual town names, while yet others reflect an attempt, sometimes misdirected, to produce a Latin derivation for the place name.

Aix-en-Provence—aixois or aquisextain
Amiens—amiénois
Arles—arlésien
Besançon—bisontin
Bordeaux—bordelais
Chartres—chartrain
Châteaudun—dunois
Dijon—Dijonnais
Epinal—spinalien
Fontainebleau—fontainebléen or bellifontain

Limoges—limousin or limougeaud
Lyon—lyonnais
Marseille—marseillais
Metz—messin
Orange—orangeois
Orléans—orléanais
Paris—parisien
Poitiers—poitevin
Reims—rémois
Strasbourg—strasbourgeois
Toulouse—toulousain
Tours—tourangeau

The old provinces of France also have adjectives corresponding to their names; these are still used in many everyday contexts, not the least important being in cooking.

Alsace—alsacien	Languedoc—languedocien
Anjou—angevin	Normandie—normand
Auvergne—auvergnat	Poitou—poitevin
Béarn—béarnais	Provence—provençal
Bourgogne—bourguignon	Savoie—savoyard
Bretagne—breton	Touraine—tourangeau
Gascogne—gascon	Comté de Nice—niçois

Parking

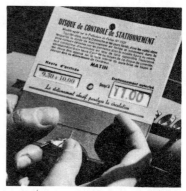

In France, as everywhere else, parking is restricted in large cities. Apart from permanent or day time no-parking restrictions in particular streets, the centres of large towns are usually classified as **zones bleues** ('blue zones') in which parking is controlled by the disc system. On parking his car, the motorist adjusts a disc mounted in a piece of card so that it shows the time of his arrival (to the nearest half hour) and in large red type, the time beyond which he is not allowed to park.

The police check on these discs, which must be prominently placed in the windscreen, and when an offender returns to his car, he finds a neat little ticket **(une contravention)** tucked under the windscreen-wiper, stating the date by which he must pay his parking fine.

QUELQUES NOTES SUR LA LANGUE

Demonstratives (2)

Celui-ci, celui-là, celle-ci, celle-là, ceux-ci, ceux-là, celles-ci, celles-là are used on their own as pronouns. When more information is added, the pronoun used is simply:

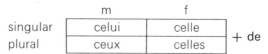

	m	f	
singular	celui	celle	+ de
plural	ceux	celles	

e.g. Voici un livre. C'est le livre d'Emmanuelle ou le livre de Michel?
C'est **celui** d'Emmanuelle ou **celui** de Michel?

Ceci/cela are pronouns used to replace whole sentences or even larger units. They correspond to the **ici-là** distinction: **ceci** is used to present something, **cela** after it has been presented. For instance, when Denise read out André's father's letter, she might have said 'Il écrit **ceci** . . .' before reading, or 'Il a écrit **cela**' after. Often people will say **C'est cela** to show agreement (or as an alternative to **oui** after questions). In spoken French **cela** is rather formal, and is more usually shortened to **ça**.

The Perfect Tense (2)

The *second auxiliary verb* is être:

je **suis**	nous **sommes**
tu **es**	vous **êtes**
il/elle **est**	ils/elles **sont**

The auxiliary **être** is used with a set of verbs connected with the idea of movement or lack of movement. The other common feature of these verbs is that they are intransitive — they cannot have a direct object, any more than the English *come/go* can.

(aller-allé)	Je vais à Paris.	Je suis allé à Paris.
(arriver-arrivé)	Tu arrives.	Tu es arrivé.
(monter-monté)	Il monte.	Il est monté.
(descendre-descendu)	Elle descend.	Elle est descendu**e**.
(partir-parti)	Nous partons.	Nous sommes parti**s**.
(revenir-revenu)	Vous revenez.	Vous êtes revenu (revenu**s**)
(venir-venu)	Ils viennent.	Ils sont venus.
	Elles viennent.	Elles sont venu**es**

NB1. Because the verb used is **être**, the past participle functions as an adjective, and reflects the number and gender of the subject — in the examples given above, feminine and plural endings are given in heavy type.

NB2. **Vous**: when **vous** is the polite singular, the participle remains in the singular, naturally. But when **vous** is used to address more than one person, the participle must be put into the plural. However, this seldom affects the sound of the words.

NB3. If a plural corresponds to a masculine plus a feminine, the participle goes into the masculine plural.

e.g. Michel et Emmanuelle sont venu**s**.

The Direct Negative

Sentences can be put into the negative by inserting **ne** immediately before and **pas** immediately after the verb:

Vous reprenez le travail — vous **ne** reprenez **pas** le travail.

Ne is elided to **n'** before a vowel.

J'oublie la liste — je **n'**oublie **pas** la liste.

Attendez! — **N'**attendez **pas**!

NB. **pas** is placed after the auxiliary **avoir** or **être** in the perfect tense.

Je suis allé à Paris. Je **ne** suis **pas** allé à Paris.

Je n'ai pas de sucre.

In negative sentences, the article used after **pas** becomes **de**:

Vous avez **un** appartement?	Je n'ai pas **d'**appartement.
Vous avez **une** maison?	Je n'ai pas **de** maison.
Vous avez **des** oranges?	Je n'ai pas **d'**oranges.
Vous avez **du** sucre?	Je n'ai pas **de** sucre.
Vous avez **de l'**huile?	Je n'ai pas **d'**huile.
Vous avez **de la** bière?	Je n'ai pas **de** bière.

EXERCICES

1   André   Emmanuelle   Francis   Gisèle   Joseph   Lucienne   Michel   Pierre

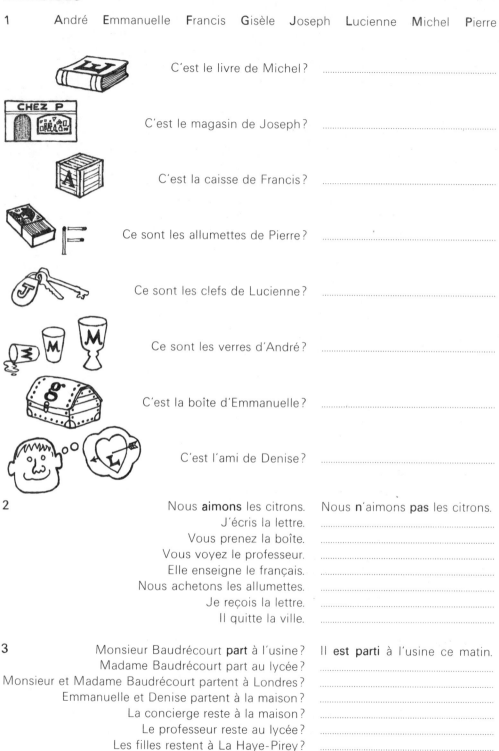

C'est le livre de Michel? ....

C'est le magasin de Joseph? ....

C'est la caisse de Francis? ....

Ce sont les allumettes de Pierre? ....

Ce sont les clefs de Lucienne? ....

Ce sont les verres d'André? ....

C'est la boîte d'Emmanuelle? ....

C'est l'ami de Denise? ....

2   Nous **aimons** les citrons.   Nous n'aimons **pas** les citrons.

J'écris la lettre. ....

Vous prenez la boîte. ....

Vous voyez le professeur. ....

Elle enseigne le français. ....

Nous achetons les allumettes. ....

Je reçois la lettre. ....

Il quitte la ville. ....

3   Monsieur Baudrécourt **part** à l'usine?   Il **est parti** à l'usine ce matin.

Madame Baudrécourt part au lycée? ....

Monsieur et Madame Baudrécourt partent à Londres? ....

Emmanuelle et Denise partent à la maison? ....

La concierge reste à la maison? ....

Le professeur reste au lycée? ....

Les filles restent à La Haye-Pirey? ....

Les citrons restent au magasin? ....

4   Aujourd'hui **je reste** à la maison.   Mais hier **je ne suis pas resté** à la maison.

Aujourd'hui vous venez au lycée. ....

Aujourd'hui vous partez en Bretagne. ....

Aujourd'hui il arrive au magasin. ....

Aujourd'hui elle revient à la Bibliothèque Municipale. ....

Aujourd'hui elle va à la Résidence Cassiopée. ....

Aujourd'hui nous montons à l'appartement. ....

Aujourd'hui ils viennent à l'usine. ....

Aujourd'hui elles descendent à la Haye-Pirey. ....

Aujourd'hui ils vont à Paris. ....

5   Vous avez **un** bureau?   Non, je n'ai pas **de** bureau.

Vous avez des oranges? ....

Vous avez un appartement? ....

Vous avez des fauteuils? ....

Vous avez une fille? ....

Vous avez des livres? ....

Vous avez un plan? ....

Exercice écrit

Put the verbs into the perfect tense. Remember that Emmanuelle is telling the story, so that when you use **être** the past participle must be feminine.

Les problèmes d'Emmanuelle

Aujourd'hui Michel part au travail et je vais à la Bibliothèque. Je laisse la voiture dans une petite rue et j'entre dans la bibliothèque. Je trouve des livres intéressants et je sors . . . par une autre porte. Je ne vois pas la voiture! Je regarde partout et enfin je retrouve la petite rue et la voiture. Bon, je repars pour le lycée. Mais je perds mon chemin dans un labyrinthe de sens obligatoires. Je passe devant le Syndicat d'Initiative, je tourne à droite, j'attends à des feux rouges, je visite toute la ville, mais je ne vois pas le lycée! Enfin, j'arrive dans un grand parking. J'arrête la voiture et je descends. Heureusement un monsieur me montre le chemin, mais j'arrive quand même en retard au lycée.

P.S. Francis trouve la solution. Il est sympathique. Il m'achète un plan de la ville!

(Answers on p. 177)

Emmanuelle Baudrécourt
Michel Baudrécourt

The Baudrécourts' flat, one evening. Emmanuelle is preparing dinner when Michel gets back from work. All set for a quiet evening at home . . .

Michel	Emmanuelle! Je suis là!
Emmanuelle	Bonsoir, Michel, je suis dans la cuisine.
Michel	Alors, chérie, ça va? Mmm! ça a l'air bon. Qu'est-ce que c'est?
Emmanuelle	Je fais une piperade, mais je n'ai pas d'œufs. J'ai acheté tous les légumes, mais j'ai oublié les œufs. Chéri, veux-tu descendre à l'épicerie? Elle est encore ouverte.
Michel	Mais il est presque huit heures.
Emmanuelle	D'accord, mais c'est tout près. Tu sors de la résidence, et tu tournes à gauche. Tu traverses la rue et l'épicerie est dans la rue des Galets, à côté de la pharmacie.
Michel	Tout de suite, Madame! A votre service!
Emmanuelle	(*Elle rit*) Attends, tu prends de l'argent, n'est-ce pas? Où est mon porte-monnaie?
Michel	Tu as perdu ton porte-monnaie?
Emmanuelle	Perdu? Mais non! J'ai enlevé mon manteau dans la chambre. Et mon porte-monnaie est peut-être là. Voyons . . . Non, il n'est pas dans la poche, il n'est pas sous mon manteau, il n'est pas sur le lit.
Michel	Il est peut-être tombé du lit?
Emmanuelle	Je regarde. Sous le lit? Non. Mais où est-il?
Michel	Il n'est pas tombé dans l'ascenseur?
Emmanuelle	Non, j'ai pris mes clefs dans mon porte-monnaie quand j'ai ouvert la porte.
Michel	Le porte-monnaie est donc dans l'appartement!
Emmanuelle	Oui, mais où?
Michel	Tu as regardé à la cuisine?

Emmanuelle	Mais il n'est *pas* à la cuisine. Je suis venue dans la chambre, puis j'ai traversé le salon et je suis allée à la cuisine.
Michel	Alors regardons dans le salon.
Emmanuelle	Le salon, oui. Par terre? Non.
Michel	Le sofa . . . le porte-monnaie est peut-être tombé entre les coussins.
Emmanuelle	Non, c'est impossible.
Michel	Alors, à la cuisine! Voyons, sur la table? Derrière les bols? Sous les bols? Dans les bols?
Emmanuelle	Michel sois sérieux! D'habitude, est-ce que je pose mon porte-monnaie dans les légumes?
Michel	Bon, bon, d'accord. Alors, les placards.
Emmanuelle	Mais non, il n'est pas dans les placards. Ah! J'ai une idée! L'eau de cologne!!!
Michel	L'eau de cologne???
Emmanuelle	Mais oui. J'ai acheté de l'eau de cologne. J'ai mis la bouteille dans l'armoire à pharmacie.
Michel	Alors allons dans la salle de bains . . . Regarde là, à droite de la douche.
Emmanuelle	Oui, à droite . . . tu as raison, c'est mon porte-monnaie!
Michel	Mais maintenant l'épicerie est fermée, n'est-ce pas?
Emmanuelle	Ah oui, c'est trop tard. Tant pis, adieu la piperade. Mais la ratatouille est prête.
Michel	Parfait. Un petit whisky d'abord?
Emmanuelle	Bonne idée, après tout ça!
Michel	Oui, arrosons le retour de ton porte-monnaie!

André Guilbot   *On his way home, André calls in at the Servants'*
Joseph Servant   *shop looking for Denise.*

André	Bonjour, Monsieur Servant.
Joseph	Ah, bonjour, Monsieur Guilbot!
André	Vous n'avez pas vu ma femme? Je suis passé chez Monsieur Sautier, mais ma femme a fini son travail et elle est partie.
Joseph	Ah non, Monsieur Guilbot, je n'ai pas vu votre femme. Mais ma femme revient dans un instant, elle a certainement parlé à Madame Guilbot aujourd'hui.
André	Est-ce que je peux attendre Madame Servant ici?
Joseph	Mais bien sûr! Vous ne venez pas souvent depuis votre déménagement . . . Eh bien, quoi de neuf? Vous êtes content de revenir au travail?
André	Ah, ça! Le travail, ça marche! Nous finissons les travaux à la Maison de la Culture.
Joseph	Mais elle n'est pas encore terminée, cette Maison de la Culture?
André	Ah, vous savez, les architectes ont leurs idées, mais l'administration a les siennes! Et quand ils ne sont pas d'accord, les travaux attendent!
Joseph	Mais vos travaux sont presque finis maintenant.
André	Hélas! pas encore. L'architecte a modifié ses plans au dernier moment. Enfin, leur Maison de la Culture est déjà une merveille.

Joseph	Comment, *leur* Maison de la Culture? Elle est à vous, elle est à moi, elle est à nous – c'est la nôtre! Elle est construite avec notre argent, et elle a coûté assez cher!
André	Vous avez raison . . . Et vos affaires, comment vont-elles?
Joseph	Oh, vous savez, notre vie n'est pas facile. Il y a tous ces nouveaux supermarchés, avec leurs réductions de prix, leurs parkings, leur néon. Nous perdons nos clients! Beaucoup de nos petites boutiques ont déjà disparu!
André	Je vois, votre situation est assez difficile. Vous ne pouvez pas transformer votre magasin?
Joseph	En effet, j'ai pensé faire un libre-service, mais mon magasin est tellement petit. Et puis, je suis peut-être sentimental, mais ce magasin, c'est le mien. Mon père a toujours dit: 'Le plus important pour un commerçant, c'est de connaître ses clients.' Je connais bien les miens – c'est impossible dans un supermarché.
André	Oh, il y a sûrement une solution à vos problèmes. Un magasin comme le vôtre est si bien situé.
Joseph	Enfin, j'ai mes projets. Des spécialités régionales, peut-être. Comme ça, les clients achètent leur sucre et leurs pommes de terre au supermarché, mais ils viennent ici pour des produits moins . . . moins ordinaires. Pourquoi pas?
André	Bonne idée – nos spécialités régionales sont excellentes.
Joseph	Oh, votre femme passe dans la rue. Vous voyez?
André	Alors, à une autre fois, Monsieur Servant.

MOTS ET EXPRESSIONS

l'administration (F)	administration	la porte	door
l'architecte (M)	architect	le porte-monnaie	purse
l'armoire à pharmacie (F)	medicine cabinet	le produit	product, produce
l'ascenseur (M)	lift	le projet	project, plan
le bol	bowl	la réduction de prix	cut price
chéri, chérie	darling	régional	regional
le commerçant	shopkeeper	sentimental	sentimental
construit	built	la solution	solution
le coussin	cushion	sortir	go out
le libre-service	self-service shop	la spécialité	speciality
modifier	modify, change	tellement	so
le néon	neon lights	transformer	transform, modernise

il doit être là.	it *ought* to be there.
sois sérieux!	come off it!
arrosons ça!	let's drink to that!
quoi de neuf?	what's new?
le travail, ça marche!	work's going fine!
c'est une merveille!	it's quite something!
le plus important	the most important thing
à une autre fois!	see you again!

QUELQUES NOTES SUR LA VIE

Emmanuelle's recipes — for four people with normal appetites.

1. Ratatouille

You will need:

Olive oil
1 lb. of tomatoes
$\frac{1}{2}$ lb. of onions
2 medium sized green peppers
2 medium sized aubergines
(about 6″ long)
1 clove of garlic
salt
freshly ground pepper
1 pinch of rosemary

Heat two tablespoons of oil in a thick saucepan. Slice the onions and cook them in the oil until they are transparent. Do NOT let them frizzle — they must stay soft. Add the aubergines in $\frac{1}{4}$ inch slices : add more oil as they absorb it. Blanch the peppers and remove the seeds; slice them and add the slices to the onions. Crush the garlic and add it, then the tomatoes, which can be peeled or not, according to your own taste. Add the rosemary and stir lightly to mix the ingredients together, but take care not to pulp them. Cover the pan and simmer for about ten minutes, then season with pepper and salt. If the mixture is too moist, leave the pan uncovered to reduce but do NOT increase the heat. If it seems too dry it may be moistened with a little white wine.

2. Piperade

Proceed as for ratatouille, but after the simmering period add four beaten eggs and stir lightly until the piperade is the consistency of scrambled eggs.

Ratatouille is probably best served as a vegetable, but piperade is a dish in its own right, served with toast, and preferably followed by a green salad (lettuce or chicory) lightly tossed in oil and vinegar.

Once you have made the dishes according to these recipes, try varying the proportions until you have worked out your own version — but we suggest you resist the temptation to add extra ingredients.

QUELQUES NOTES SUR LA LANGUE

J'ai pris mes clefs dans mon porte-monnaie

Je suis sorti **de** la maison *but* J'ai pris mes clefs **dans** mon porte-monnaie.

In these two examples, **de** and **dans** both correspond to the English 'out of' — but **dans** is used with the verb **prendre**, particularly when the place is small enough to put one's hand inside.

e.g. J'ai pris mon manteau dans l'armoire.

J'ai pris mon porte-monnaie dans la poche de mon manteau.

Possessives

1. Possessive Adjectives

	singular		plural
subject pronoun	masculine	feminine	masculine feminine
je	mon	ma	mes
tu	ton	ta	tes
il / elle	son	sa	ses
nous	notre		nos
vous	votre		vos
ils / elles	leur		leurs

NB 1. Possessive adjectives agree with the object possessed, NOT, as in English, with the owner.

Michel a **un** livre – c'est **le** livre de Michel – c'est **son** livre.
Denise a **un** livre – c'est **le** livre de Denise – c'est **son** livre.

Joseph a **une** boutique – c'est **sa** boutique.
Gisèle a **une** boutique – c'est **sa** boutique.

NB 2. When a feminine noun begins with a vowel, **mon, ton** and **son** are used, to avoid the combination of two vowels.

C'est **un** ami de Michel – c'est **son** ami.
C'est **une** amie de Michel – c'est **son** amie.

2. Possessive Pronouns

	singular		plural	
subject pronoun	masculine	feminine	masculine	feminine
je	le mien	la mienne	les miens	les miennes
tu	le tien	la tienne	les tiens	les tiennes
il / elle	le sien	la sienne	les siens	les siennes
nous	le / la nôtre		les nôtres	
vous	le / la vôtre		les vôtres	
ils / elles	le / la leur		les leurs	

NB. The range of pronouns is less wide in spoken French than it appears in the above table – try saying them aloud.

Pronouns also reflect the number and gender of the object possessed.

C'est **le** livre de Michel – c'est **le sien**.
C'est **le** livre de Gisèle – c'est **le sien**.
Ce sont **les** amies de Joseph – ce sont **les siennes**.
C'est **la** boutique des hommes – c'est **la leur**.

3. Stressed Forms

subject pronoun	je	tu	il	elle	nous	vous	ils	elles
stressed possessive	à moi	à toi	à lui	à elle	à nous	à vous	à eux	à elles

After **être** the possessive may also be expressed by using the preposition **à**.
Emmanuelle a un livre – le livre est **à Emmanuelle**.
     – le livre est **à elle**.
The table given above shows the pronouns used in this construction.

To sum up 1, 2 and 3

Michel a un livre – c'est **son** livre – c'est **le sien** – le livre est **à lui**.

Monsieur et Madame Servant ont une boutique – c'est **leur** boutique – c'est **la leur** – la boutique est **à eux**.

J'ai un appartement – c'est **mon** appartement – c'est **le mien** – l'appartement est **à moi**.

Vous avez des oranges – ce sont **vos** oranges – ce sont **les vôtres** – les oranges sont **à vous**.

Adverbs

Adverbs can generally be formed by adding the suffix **-ment** to the feminine form of the adjective (see p. 11)

masculine	feminine	adverb
heureux	heureuse	heureusement
complet	complète	complètement
définitif	définitive	définitivement
aimable		aimablement

They usually follow the verb, e.g. il part **définitivement,** nous oublions **complètement,** and precede the adjective, e.g. **complètement** rouge.

With compound verbs such as the perfect tense, adverbs can occur in two positions:
     i) after the past participle: Je l'ai oublié **complètement.**
     ii) between the auxiliary verb and the past participle: Je l'ai **complètement** oublié.

très intensifies the meaning of an adjective or an adverb, which it always precedes: **très** aimable – **très** aimablement.

donc follows a simple verb: je réfléchis **donc,** but with compound verbs it must come between the auxiliary and the past participle: J'ai **donc** réfléchi – Je suis **donc** parti.

EXERCICES

1
    Je cherche **mon** porte-monnaie et **mes** allumettes.
Elle ....
Vous ....
Ils ....
Nous ....
Il ....
Elles ....

2
    Votre liste est là.   C'est bien **la vôtre?**
Notre sofa est là. ....
Leur bol est là. ....
Leur boutique est là. ....
Vos manteaux sont là. ....
Leurs allumettes sont là. ....
Leurs oranges sont là. ....

3
    Je cherche **la clef** d'Emmanuelle.
        J'ai trouvé **sa clef** — oh, pardon! ce n'est pas **la sienne.**
Je cherche le chapeau de Michel.

....

Je cherche la maison de Francis.

....

Je cherche le porte-monnaie de Madame Baudrécourt.

....

Je cherche la boutique de Joseph et Gisèle.

....

Je cherche les boîtes de Monsieur et Madame Servant.

....

Je cherche l'appartement des Baudrécourt.

....

4
    C'est **votre** porte-monnaie?   Oui, c'est **le mien,** il est **à moi.**
Ce sont vos allumettes? ....
C'est votre maison? ....
C'est mon appartement? ....
C'est ma boîte? ....
Ce sont mes bols? ....

5   Où sont les œufs?

Les œufs sont dans la boîte?
    Oui, les œufs sont dans la boîte.

Les œufs sont sur la table?

....

Les œufs sont sous les coussins?

....

Les œufs sont entre les bols?

....

Les œufs sont avec les bouteilles?

....

Les œufs sont chez la concierge?

....

Cherchons encore . . .

Regardons à droite de l'armoire.
    Les œufs ne sont pas à droite de l'armoire.

Regardons à gauche de la table.

....

Regardons à côté des légumes.

....

Regardons à l'extérieur de la cuisine.

....

Regardons derrière la caisse.

....

Voici les œufs mais ils sont cassés!

(Answers on p. 178)

Exercices écrits (Answers on p. 178)

1   Fill in the appropriate prepositions.

Monsieur Sautier fait sa vitrine.
Avant de commencer, il prend les grandes
caisses, les bouteilles, les boîtes . . .

Les bouteilles vont .... les caisses.
(Les caisses sont .... les bouteilles.)

Les paquets de sucre vont .... les caisses.
(Les caisses sont .... les paquets de sucre.)

Les petits pois vont .... les caisses.
(Les caisses sont .... les petits pois.)

Les bananes vont .... la vitrine.

Les oranges vont .... les bananes.
Les citrons vont .... les bananes.

Après ces efforts la vitrine est terminée.
Monsieur Servant va .... sa boutique et
admire son travail !

2   a. Fill in the blanks with the appropriate
possessive pronoun (first person singular),
as in the example.

Example: Votre fille et **la mienne** sont amies.
        Votre professeur et .... sont mariés.
        Vos problèmes et .... sont difficiles.
        Vos journées et........................... sont fatigantes.
        Son mari et............................... partent à Londres.
        Sa famille et .... sont sympathiques.
        Ses boîtes et............................. sont petites.

b. Put another way, though it comes to the same thing:

Example: Ma fille et **la vôtre** sont amies.
        Mon professeur et .... sont mariés.
        Mes problèmes et....................... sont difficiles.
        Mes journées et .... sont fatigantes.
        Mon mari et .... partent à Londres.
        Ma famille et .... sont sympathiques.
        Mes boîtes et .... sont petites.

Félix, garçon de café	In the Café Cinétic, the liveliest
Jean-François, ami de Lucienne	café in Chaviray. Lucienne has
Lucienne Servant	arranged to meet Jean-François,
	but he has not arrived. Lucienne
	waits . . . and waits . . .

Félix	Vous m'avez demandé un autre citron pressé, Mademoiselle?
Lucienne	Oui, c'est cela! Donnez-moi beaucoup d'eau, s'il vous plaît.
Félix	Voilà, Mademoiselle . . . Je ne vous ai pas donné de sucre.
Lucienne	Ça va. Merci beaucoup.
Félix	Allons, un petit sourire . . . le rendez-vous n'est pas manqué! Je l'ai vu ce matin de bonne heure, votre ami!
Lucienne	Mon ami! Comment . . .?
Félix	Ah! Ah! J'ai bien deviné, n'est-ce pas? Vous attendez bien quelqu'un. Croyez-moi, les hommes sont souvent en retard, mais les femmes sont encore plus souvent en retard.
Lucienne	Mais je déteste les gens en retard et il le sait . . . Je n'aime pas du tout attendre, perdre mon temps. J'ai déjà perdu une demi-heure!
Félix	Mais ce n'est rien, ça, dans la vie! Allons, souriez un peu!
Lucienne	Je vous laisse, Monsieur Félix, j'ai terminé mon citron pressé et j'ai épuisé ma patience. Au revoir. (*Elle sort. Arrive Jean-François essoufflé*)

Jean-François	Lucienne! Attends-moi!
Lucienne	Ah!
Jean-François	Laisse-moi t'expliquer . . .
Lucienne	Arrête de me suivre comme ça, s'il te plaît.
Jean-François	Mais je t'explique . . . Je te dis pourquoi je suis en retard.
Lucienne	Ah, quand même! Tu le reconnais!
Jean-François	Mais oui, bien sûr. Excuse-moi, Lucienne.
Lucienne	Alors . . . raconte-moi, mais d'abord arrête de respirer si fort. Tu es terriblement essoufflé! Entrons au café de la Place.
Jean-François	Bonne idée . . . J'ai vraiment soif . . .
Lucienne	Mais qu'est-ce que tu as fait ce matin?
Jean-François	J'ai passé un concours.
Lucienne	Un concours? Où? Pourquoi?
Jean-François	Je ne l'ai dit à personne . . . C'est un concours pour le Ministère des Finances.
Lucienne	Ah là là! Vive Monsieur le Percepteur! Ah, c'est la meilleure! Allons, arrosons ça!

Emmanuelle Baudrécourt Lucienne Servant	Emmanuelle has decided to have a look at the new, unfinished Maison de la Culture. She gets as far as the Reading Room, and runs into Lucienne . . .

Lucienne	Bonsoir, Madame. C'est votre première visite à la Maison de la Culture, n'est-ce pas? Alors, je vous emmène à notre théâtre de poche.
Emmanuelle	Il m'intéresse beaucoup! Voulez-vous me le montrer?
Lucienne	Il n'est pas encore fini, mais si vous voulez bien me suivre . . . descendons cet escalier.
Emmanuelle	Dites-moi, vous passez beaucoup de temps ici?
Lucienne	Tout mon temps libre.
Emmanuelle	Ah, vous faites du théâtre?
Lucienne	Oui, et nous montons une pièce de théâtre par an. Les répétitions nous occupent beaucoup. Nous faisons aussi les costumes. Cela nous prend beaucoup de temps. Je viens là tous les soirs.
Emmanuelle	Et vos parents acceptent cela?
Lucienne	Plus ou moins . . . car ils pensent beaucoup à mon examen. Ils me parlent de cet examen tous les jours!
Emmanuelle	C'est important, non?
Lucienne	Oui, bien sûr, mais il est aussi important de rencontrer des gens différents, de les écouter, de leur parler. Vous ne croyez pas?
Emmanuelle	C'est difficile quelquefois!
Lucienne	Oui – enfin! Voici le théâtre de poche.
Emmanuelle	Cette salle est très sympathique.
Lucienne	Oui, mais elle est trop petite. Nous donnons nos spectacles au grand théâtre. La ville nous le prête – gratuitement!
Emmanuelle	Vous préparez un spectacle en ce moment? Est-ce que vous avez choisi la pi ce pour cette année?

Lucienne	Non, pas encore. Nous avons besoin de que!qu'un — oh! vous pouvez nous aider à choisir!
Emmanuelle	Pourquoi pas? J'ai fait du théâtre à l'université!
Lucienne	C'est formidable!
Emmanuelle	Mais Monsieur Sautier vient. Il me cherche sans doute. Je le rejoins rapidement. Merci beaucoup Lucienne! Au revoir!

MOTS ET EXPRESSIONS

avoir soif	be thirsty	plus ou moins	more or less
le costume	costume	suivre (suivi)	follow
emmener	take (a person) somewhere	reconnaître (reconnu)	recognise, admit
épuiser	exhaust	la répétition	rehearsal
l'escalier (M)	stair	respirer	breathe
essouflé	out of breath	la salle de lecture	reading room
gratuitement	free, gratis	sourire (souri)	smile
manquer	miss, misfire	le sourire	smile
le Ministère des Finances	Finance Ministry, Treasury	le spectacle	show
		tous les ans	every year
le percepteur	income tax officer	tous les jours	every day
la pièce (de théâtre)	play	tous les soirs	every evening
		l'université (F)	university

le rendez-vous n'est pas manqué	your date hasn't fallen through
de bonne heure	early
c'est la meilleure!	that's a good one! that's the best I've heard for a long time!

QUELQUES NOTES SUR LA VIE

La Maison de la Culture

Over the last decades there have been increasing efforts to counteract the concentration of activity in every sphere — and consequently of population — in and around Paris. In 1959 the Ministry of Cultural Affairs redefined its own mission to take responsibility for the artistic well-being of the whole country, not only in terms of museums and historical monuments (though these had been badly enough neglected up to then) but also for the living arts, brought out of their showcases and into the community.

Another important factor in the development of the cultural centres now known as **Maisons de la Culture** was, perhaps surprisingly, war damage. The first experimental centre would never have been built had it not been necessary to reconstruct the Museum at Le Havre, now a revolutionary glass building with very flexible interior equipment so that spaces can be varied for different needs. It was opened in 1961 and served as a pilot for later **Maisons.**

Every year sees the opening of at least one new **Maison de la Culture**. The choice of town depends on local good-will and initiative, which are shown by the formation of associations which group together local bodies to plan and press for the establishment of a cultural centre with a full-time paid organiser in their town. The State provides about 50% of the initial capital and running costs, but the balance has to be met by the town itself, which also provides the site for the building. The scale of premises and activities varies from town to town but usually includes a large theatre/concert hall and a small experimental exhibition gallery, rehearsal rooms, reading rooms, perhaps a public library, various meeting rooms, a restaurant and a bar.

The accent is above all on professionalism and quality: amateurs generally do not operate in **Maisons de la Culture**. The Chaviray cultural centre opened with a performance of *Pharsalie-Plage*, but this was exceptional — a gesture towards the fact that amateur activity is one of the considerations taken into account when deciding whether or not to subsidise a new Maison. If Lucienne and Jean-François appear there again it will be because they have decided to make the theatre their life work.

Le Concours

In France, competitions **(concours)** are not limited to crossword puzzles. They are also competitive examinations which dictate one's entire career. Since the Napoleonic period, recruitment into the public sector has been largely through competitive examinations, which take place at different stages in the education system: at the end of full secondary education in lycée **classes terminales** (17 or 18 years old) or at the end of a university degree course.

These competitive examinations give access, according to the level, to posts in state-owned banks, the post office, the major administrative bodies such as the Treasury, Social Security departments, Ministries, and so on, although competitive examinations are run for all manner of posts in state-owned industries such as the Gobelins tapestry workshops, or the Sèvres porcelain factory.

Successful candidates then embark upon a highly coveted career as a **fonctionnaire,** and even though in recent years private employers have begun to provide comparable conditions of employment (security of tenure, guaranteed paid holidays, good promotion prospects) so that the attraction of **le fonctionnariat** (State employment) has tended to decrease, candidates still far outnumber places available particularly at higher levels.

QUELQUES NOTES SUR LA LANGUE

Object Pronouns

Object pronouns are *all* placed between the subject and the verb.

First and second persons:

subject	je	tu	nous	vous
object	me	te		

These function as both direct and indirect objects.

e.g. Direct object: Lucienne! Je **vous** regarde! (Je regarde Lucienne)
Indirect object: Lucienne! Je **vous** parle (Je parle à Lucienne)

Third person:

subject	il	elle	ils	elles
direct object	le	la	les	
indirect object	lui		leur	

Je vois **le professeur.**   Je **le** vois.
Je parle **au professeur.**   Je **lui** parle.
Je vois **la concierge.**   Je **la** vois.
Je parle **à la concierge.**   Je **lui** parle.
Je vois **les Servant.**   Je **les** vois.
Je parle **aux Servant.**   Je **leur** parle.

Object Pronouns and the Perfect Tense

When the verb is in the perfect tense, object pronouns come before the auxiliary verb **avoir**. When the pronoun corresponds to the **direct** object, the past participle takes the number and gender of the object.

e.g.   J'ai vu **le** professeur.   Je **l'**ai vu.
J'ai vu **la** concierge.   Je **l'**ai vue.
J'ai vu **les** professeurs.   Je **les** ai vus.
J'ai vu **les** concierges.   Je **les** ai vues.
J'ai vu **le** professeur et **la** concierge.   Je **les** ai vus.

BUT   J'ai parlé **au** professeur.   Je **lui** ai parlé.
J'ai parlé **à la** concierge.   Je **lui** ai parlé.

Je le crois: je le sais

The object pronoun **le** is used not only to refer to a single word (person or thing) but also to a whole idea or a set of ideas – up to everything that has been said before.

e.g. Est-ce que Lucienne fait du théâtre? Je **le** crois.
Emmanuelle a fait du théâtre à l'université. Je **le** sais.

Object Pronouns 2

When the verb is an imperative, the situation changes.

1. Object pronouns *follow* the verb:

Regardez le théâtre.   Regardez-**le**.
Parlez à Lucienne.   Parlez-**lui**.

2. The first person pronoun **me** is replaced by the stressed form **moi**.

e.g.   Regardez-**moi**.   (Direct object)
            Parlez-**moi**.   (Indirect object)

NB. This applies only to affirmative imperatives as above; when the imperative is *negative*, pronouns precede the verb.

e.g.   Regardez-**moi**.   Non, ne **me** regardez pas.
            Parlez-**moi**.   Non, ne **me** parlez pas.

EXERCICES

1

Où est **Michel**?   **Le** voilà.
Où est Lucienne? ....
Où sont mes allumettes? ....
Où est ma femme? ....
Où est mon porte-monnaie? ....
Où sont André et Denise? ....
Où est mon mari? ....
Où est la boîte? ....
Où sont les clefs? ....

2

Gisèle parle **à Lucienne**.   Elle **lui** parle.
Maintenant elle téléphone à Monsieur Sautier. ....
Maintenant elle parle à son mari. ....
Maintenant elle écrit aux filles. ....
Maintenant elle parle à la concierge. ....
Maintenant elle téléphone à Michel et Emmanuelle. ....
Maintenant elle écrit aux parents de Rémy. ....

3

Est-ce que vous voyez **Michel**?   Oui, je **le** vois.
Est-ce que vous parlez à Emmanuelle? ....
Est-ce que vous téléphonez à vos amis? ....
Est-ce que vous connaissez les Servant? ....
Est-ce que vous attendez la concierge? ....
Est-ce que vous écrivez à André? ....
Est-ce que vous achetez les petits pois? ....

4

Je n'ai pas lu **le journal** ce matin.	Alors, lisez-**le** ce soir.
Je n'ai pas écrit la lettre ce matin.	....
Je n'ai pas acheté les légumes ce matin.	....
Je n'ai pas envoyé le paquet ce matin.	....
Je n'ai pas écrit **au professeur** ce matin.	Alors, écrivez-**lui** ce soir.
Je n'ai pas parlé à la concierge ce matin.	....
Je n'ai pas parlé à Paul et Virginie ce matin.	....
Je n'ai pas téléphoné aux Baudrécourt ce matin.	....
Je ne **vous** ai pas téléphoné ce matin.	Alors, téléphonez-**moi** ce soir.
Je ne vous ai pas écrit ce matin.	....
Je ne vous ai pas attendu ce matin.	....
Je ne vous ai pas emmené ce matin.	....

Exercice écrit

Rewrite the following sentence changing the subject — and direct object — as indicated.

Je suis content — cette visite **m**'a intéressé.

Lucienne..

Francis ....

Les enfants ....

Nous...

Vous ....

Les élèves ....

(Answers on p. 178)

André Guilbot
Denise Guilbot

The Guilbots' flat, in the evening. André is reading the paper. Suddenly he realises that Denise is unusually silent . . .

André   Denise, tu sembles préoccupée. Qu'est-ce que tu écris? Tes mémoires?

Denise   Non, André. Je fais des listes. Je pense aux fêtes de Noël.

André   Noël? Mais c'est loin encore!

Denise   Quand même, il faut faire des projets.

André   Ah oui? Tu as des projets?

Denise   (*hésitante*) Eh bien . . . je voudrais inviter la famille. L'an dernier ta mère a organisé le réveillon de Noël et la mienne nous a reçus le Jour de l'An. Cette année, c'est notre tour. J'ai vu ta cousine Monique aujourd'hui et elle veut faire quelque chose pour Noël. Alors pour le Jour de l'An, moi, je voudrais inviter tout le monde ici. Comme ça, on leur montre aussi le nouvel appartement.

André   On fête le Nouvel An et on pend la crémaillère en même temps? Pourquoi pas?

Denise   Seulement, il y a le problème du repas. Regarde ma liste . . . avec ma famille et la tienne, il y a dix-neuf personnes.

André   Aïe! C'est beaucoup! Et sur ta liste tu as oublié Gérard. Donc vingt personnes en tout. Mais un repas pour vingt personnes ici, c'est impossible!

Denise   C'est bien ce que je pense. Il faut trouver autre chose.

André   C'est simple! Allons au restaurant! A 'La Fourchette d'Or', par exemple!

Denise	On y mange bien, et l'endroit est sympathique. Mais il y a encore un petit problème . . . N'oublie pas l'an dernier: après trois verres de vin, ton père a chanté toutes ses chansons paillardes!
André	C'est vrai — et d'ailleurs au même repas ta tante Léonie a raconté tous les scandales de la famille. Nous en avons ri, mais ta mère n'aime pas ces choses-là.
Denise	Oh, elle n'y fait plus attention. Ce sont de vieilles histoires.
André	Mais il faut éviter ce genre de spectacle. Nous allons au restaurant pour manger, pas pour amuser les clients!
Denise	Oh, quand même!
André	Oui, je plaisante. De toute façon, nous ne mangeons pas ici. Alors, il faut aller au restaurant. Je surveille mon père — avec discrétion, évidemment—et toi, tu surveilles ta tante Léonie. Puis nous revenons ici et tout le monde continue le réveillon.
Denise	Et si ton père a envie de chanter, nous sommes chez nous, il peut chanter!
André	Et ta tante peut raconter tous les scandales du monde si elle en a envie!

Gisèle Servant *Joseph Servant*	*Early one Friday morning in the Servants' shop.* *Joseph and Gisèle are looking at a pile of empty crates . . .*

Joseph	Il faut téléphoner au grossiste . . . Il faut des artichauts, des endives et des choux-fleurs et des fruits . . . Tout est parti! Nous avons vendu tous les fruits et légumes!
Gisèle	J'ai téléphoné ce matin au 'Jardin de Chaviray'. Ils en ont encore, mais il faut y aller rapidement!
Joseph	Alors je prends la voiture et j'y vais . . .
Gisèle	A cette heure-ci, tous nos clients arrivent. Il faut d'abord téléphoner, non?
Joseph	Tu as raison. Je le fais tout de suite. (*Il téléphone . . .*)
Gisèle	Alors, c'est fait?
Joseph	Oui, mais il faut prendre au moins vingt caisses de dix kilos, c'est à dire deux cents kilos en tout pour être livré tout de suite.
Gisèle	Il nous faut dix caisses de fruits et nous avons besoin de trente kilos de choux-fleurs, trente kilos d'artichauts, trente et trente, soixante . . . mais quarante kilos d'endives, c'est beaucoup! J'en ai peur, surtout le samedi!
Joseph	Bof! J'y ai pensé! Il faut prendre des endives belges . . . comme cela pas de problèmes. On les garde assez longtemps — il n'y a pas de risques de perte! (*Sonnette*)
Gisèle	Voilà les clients — il faut aller les servir! Mais . . . ce sont les Guilbot! Nous avons parlé d'eux il y a un instant . . . viens leur dire bonjour!
Joseph	Attends, je téléphone d'abord. Les affaires sont les affaires!
Gisèle	Eh bien, moi, j'y vais! Bonjour, Madame Guilbot, bonjour Monsieur Guilbot. Dites-moi, vos visites sont rares. Ça va?

MOTS ET EXPRESSIONS

le Jour de l'An	New Year's day	le grossiste	wholesaler
le Nouvel An	New Year	le jardin	garden
l'artichaut (M)	artichoke	les mémoires (M)	memoirs
avoir envie de	want	Noël	Christmas
autre chose	something else	prendre livraison	take delivery
la chanson paillarde	dirty song	préoccupé	worried
le chou-fleur	cauliflower	rare	rare, infrequent
(les choux-fleurs)		les risques (M)	risk of loss
la commande	order	de perte (F)	
le cousin	male cousin	le scandale	scandal
la cousine	female cousin	surveiller	watch over,
l'endive (F)	chicory (see note)		keep an eye on
l'endroit (M)	place	en même temps	at the same time
éviter	avoid	la tante	aunt
de toute façon	anyhow	le tour	turn
fêter	celebrate		

c'est bien ce que je pense	that's what I think too
pendre la crémaillère	have a housewarming
avec discrétion	discreetly
pour être livré tout de suite	if we want them delivered straight away
il y a un instant	a moment ago

QUELQUES NOTES SUR LA VIE

Le réveillon

Le réveillon occupies a place in French life comparable to the traditional Christmas dinner in Britain. It is a long, carefully planned and cooked meal with matching wines, generally served to a large family gathering (in a restaurant if funds permit and there's not enough room at home), late on Christmas Eve or New Year's Eve — and timed so that it lasts beyond midnight, into the day being celebrated. Restaurants organise **réveillons** with special menus and every effort to produce the right party atmosphere — and they are generally fully booked weeks in advance. Unlike Christmas dinner, the menu is infinitely varied, but the meal traditionally begins with oysters . . . which gives an idea of the general level of luxury aimed at.

Les endives . . . et la chicorée

Fortunately these are both leaf vegetables and make excellent salads, otherwise unfortunate consequences could arise . . . however, if you want to cook braised chicory in France, remember the difference.

FRENCH: L'Endive   La Chicorée

ENGLISH: Chicory   Endive

NB. **Les endives belges,** which are hothouse grown, are reputed to last longer than other varieties.

QUELQUES NOTES SUR LA LANGUE

Y

y can be thought of as the pronoun replacing nouns introduced by a preposition. It is invariable — no number, no gender.

Je vais	au magasin à l'usine à la campagne aux villes aux magasins à Marseille	J'y vais
J'attends	à l'extérieur de la maison à l'intérieur du théâtre à côté de la porte devant le cinéma derrière la porte à droite de la fenêtre à gauche de l'entrée entre les voitures	J'y attends
Il reste	sur la table sous le lit au centre de la ville chez Francis	Il y reste

49

En

en can be thought of as the pronoun replacing nouns introduced by **de** and its compound forms **du, de l', de la, des.** Again, it is invariable — no number, no gender.

Je reviens	du magasin de l'usine de la maison des villes des magasins de chez Francis de Paris	J'**en** reviens
J'achète	du vin de l'huile de la bière des artichauts	J'**en** achète
Vous n'avez pas	de sucre d'argent d'huile de petits pois	Vous n'**en** avez pas

It can go even further:

Je prends **un peu** *de café*	J'*en* prends **un peu**
Il veut un **morceau** *de pain*	Il *en* veut **un morceau**
Nous achetons **beaucoup** *de vin*.	Nous *en* achetons **beaucoup**
Vous avez **quatre** *frères*	Vous *en* avez **quatre**

On y mange bien

On can be used as an indefinite pronoun corresponding to English *one*. It is always the subject of the sentence, and is used for general statements like the one given above. Other examples: **On ne sait jamais** (You never know) and **Ici on parle français** (French spoken).

Moi, je . . .

To emphasise the subject of a sentence, the *stressed personal pronoun* may be used — in addition to the normal subject.

e.g. *Neutral*: Je voudrais inviter tout le monde . . .
Tu surveilles la tante Léonie . . .

Stressed: **Moi,** je voudrais inviter tout le monde . . .
Toi, tu surveilles la tante Léonie . . .

subject	stressed pronoun
je	moi
tu	toi
il	lui
elle	

subject	stressed pronoun
nous	
vous	
ils	eux
elles	

Il faut

Falloir is an unusual verb in that it exists only with the impersonal subject il (which corresponds roughly to the English indefinite *it* in *It's raining*). Consequently it is only used in the third person singular.

Il faut can introduce a noun, e.g. **Dans une chambre il faut un lit,** or a verb, in which case the verb is in the infinitive, e.g. **Il faut partir, Pour vendre il faut rester au magasin.**

It cannot be translated satisfactorily into English, but corresponds roughly to 'It is necessary to . . .' 'One must . . .' 'You have to . . .' followed by a *verb*; or 'It's necessary to have', 'You have to have . . .' etc. followed by a *noun*.

EXERCICES

1

Vous allez **au lycée?**   Vous **y** allez?
Non, je reviens **du lycée.**   Non, j'**en** reviens.

Vous montez à la bibliothèque? ....
Non, je descends de la bibliothèque. ....

Vous allez à l'usine? ....
Non, je reviens de l'usine. ....

Vous entrez au théâtre? ....
Non, je sors du théâtre. ....

Vous arrivez à Grenoble? ....
Non, je pars de Grenoble. ....

Vous passez à la boutique? ....
Non, je reviens de la boutique. ....

Vous passez chez le grossiste? ....
Non, je reviens de chez le grossiste. ....

2

Vous voulez **des endives?**   Oui, j'**en** veux.
Vous achetez de l'huile? ....
Vous avez des fruits? ....
Vous avez pris du café? ....
Vous avez bu de la bière? . . ..
Vous avez cherché des choux-fleurs? ....
Vous avez trouvé des artichauts? ....

3

Il faut aller **chez le grossiste.**   C'est vrai, il faut **y** aller.
Il faut monter à l'appartement. ....
Il faut descendre dans la rue. ....
Il faut chercher dans la cuisine. ....
Il faut penser aux clients. ....
Il faut penser aux projets. ....
Il faut penser aux commandes. ....

4 la maison – la salle de bains. Dans **une** maison il faut **une** salle de bains.

la ville – la Maison de la Culture. ....

l'appartement – la cuisine. ....

le salon – les tableaux. ....

le lycée – les élèves. ....

la résidence – la concierge. ....

la chambre – le lit. ....

l'usine – les ingénieurs. ....

Exercice écrit

Rewrite the following sentences, changing the nouns into pronouns and making the past participle agree with the direct object, as in the example.

Joseph n'a pas livré **ses fruits.** Il ne **les** a pas livrés.

Gisèle n'a pas vendu ses endives. ....

Joseph n'a pas servi ses clients. ....

Denise n'a pas vu sa cousine. ....

André n'a pas pris les allumettes. ....

La concierge n'a pas fermé la porte. ....

Emmanuelle n'a pas entendu la musique. ....

Denise n'a pas invité Gérard. ....

Le grand-père n'a pas chanté les chansons. ....

La tante n'a pas raconté les histoires. ....

(Answers on page 178)

 7

Michel Baudrécourt
Francis Sautier

Michel has been looking at the paintings in Francis' studio. With an ulterior motive . . .

Michel	Dites, Francis, je voudrais vous demander quelque chose.
Francis	Eh bien, je suis à votre disposition.
Michel	Voilà: c'est bientôt l'anniversaire d'Emmanuelle et je voudrais lui offrir un cadeau.
Francis	C'est une charmante idée. Et ce cadeau, vous ne le trouvez pas?
Michel	Oui et non. Vous savez, cette aquarelle dans notre chambre, vous l'avez offerte à Emmanuelle, n'est-ce pas?
Francis	Oui, je la lui ai donnée pour son baccalauréat.
Michel	Emmanuelle adore cette aquarelle. Je voudrais lui offrir une de vos toiles du même style. Est-ce que c'est possible?
Francis	Oh, vous m'embarrassez! . . . Ecoutez, je n'ai pas beaucoup de principes, mais je les observe. Et j'ai un principe important: je fais des toiles — si je ne les aime pas, je les détruis. Si je les aime, je les vends aux marchands. Quand un ami aime une toile, je la lui offre, je ne la lui vends pas. Ça fait partie de l'amitié. D'ailleurs, j'ai ici une autre aquarelle. Je l'offre à Emmanuelle.
Michel	Mais Francis, vous me mettez dans l'embarras. J'ai vraiment envie de lui faire cadeau d'une de vos aquarelles. Si vous ne me la vendez pas, comment est-ce que je peux la lui offrir?
Francis	Oh Michel vous êtes trop scrupuleux! Ecoutez, j'ai une solution. Prenez ce tableau.
Michel	Ah, non, Francis! . . .
Francis	Prenez-le! Je vous le donne. Il est à vous.
Michel	Ah! Vraiment?

Francis	Oui! Voilà, il est à vous. Mais bien sûr, cela ne vous empêche pas de l'offrir à Emmanuelle si vous voulez . . .
Michel	Bon, mais je l'achète quand même.
Francis	Non, non et non! Les amis sont les amis – je ne leur vends pas mes toiles!
Michel	(*Rit*) Je respecte vos principes, Francis. Ce tableau me plaît beaucoup. Emmanuelle va beaucoup l'aimer. Je ne l'achète pas, mais je vous envoie une caisse de cognac. Ne la refusez pas. Entre amis, n'est-ce pas?
Francis	Mais c'est parfait, Michel – vive l'amitié!

Gisèle Servant	The Servants' flat, just on midnight.
Joseph Servant	Lucienne still hasn't come home from
Un Agent de Police	the Maison de la Culture. Gisèle is getting worried . . .

Gisèle	Il est bientôt minuit. Lucienne n'est pas rentrée – c'est inquiétant!
Joseph	Tu as téléphoné à la Maison de la Culture?
Gisèle	Oui, je l'ai fait il y a un instant, mais on ne m'a pas répondu. Tant pis! J'ai fermé la porte du magasin.
Joseph	Bah! . . . Elle est certainement allée boire un verre au café! (*Sonnette*)
Gisèle	La voilà sans doute. Je vais lui ouvrir.
Joseph	Non, laisse-moi y aller. Moi, je ne suis pas trop fatigué ce soir. (*Il va à la porte et l'ouvre*)
Agent	Bonsoir, Monsieur Servant! Ce n'est pas une heure pour rendre visite aux gens, n'est-ce pas? mais j'ai un message pour vous et il faut vous le donner tout de suite.
Joseph	Un message! Mais de qui?
Agent	De votre fille Lucienne.
Gisèle	Mon Dieu, qu'est-il arrivé? Joseph, je te l'ai dit tout à l'heure . . . il s'est passé quelque chose.
Agent	Oh, rien de grave. Elle a eu un léger accident de voiture.
Gisèle	Un accident de voiture! Mon Dieu!
Agent	Attendez, Madame. Un *léger* accident. Il y a du brouillard ce soir – la voiture a quitté la route.
Gisèle	Mais notre fille, est-elle blessée?
Agent	Non, je ne crois pas, enfin, pas gravement en tout cas! Le commissariat de Voilay nous a téléphoné. Voici le message: 'Malgré leur excellente condition physique, les quatre jeunes gens ont été emmenés à l'hôpital pour les vérifications d'usage.'
Gisèle	Savez-vous le nom de l'hôpital? Il me faut des nouvelles! On ne sait jamais! Oh mon Dieu! Il faut penser à tout!
Joseph	Il ne faut pas perdre la tête, chérie! L'accident n'est pas grave . . .
Gisèle	D'accord, mais il faut quand même penser au pire!
Agent	Chère Madame! Vous êtes préoccupée, je le comprends, mais il ne faut pas transformer cet événement en catastrophe! Tout est possible, je le sais – mais les examens à l'hôpital évitent des surprises désagréables.

Joseph	J'ai envie de téléphoner à l'hôpital. C'est possible, non?
Agent	Oui, essayez, mais à l'hôpital on fait les examens d'abord et on prend les noms ensuite . . . Permettez-moi de vous quitter maintenant . . . Bon courage!
Joseph	Merci, Monsieur. Je vous raccompagne . . .

MOTS ET EXPRESSIONS

l'accident (M)	accident	offrir (offert)	give, make a present of
l'amitié (F)	friendship		
l'aquarelle (F)	watercolour	physique	physical
le cadeau	present, gift	le pire	the worst
la catastrophe	catastrophe	le principe	principle
le commissariat (de police)	police station	raccompagner	see (someone) out
		refuser	refuse
détruire (détruit)	destroy	respecter	respect
embarrasser	embarrass	scrupuleux (euse)	scrupulous
faire partie de	be part of	le style	style
l'hôpital (M)	hospital	la surprise	surprise
inquiétant	worrying	les vérifications (F) d'usage	routine checks
malgré	in spite of		
le message	message		

je suis à votre disposition	my time is yours
vous me mettez dans l'embarras	you're putting me in a spot
qu'est-il arrivé?	what's happened?
il s'est passé quelque chose	something's happened
rien de grave	nothing serious

QUELQUES NOTES SUR LA LANGUE

Object Pronouns (2)

Indirect and direct object pronouns come before the verb, as we have seen. So do **y** and **en**. When more than one is used, they are arranged in a certain order.

me									
te		le							
se	precede	la	precede	lui	precede	y	precedes	en.
nous		les		leur					
vous									

So: Je donne le tableau à Francis

le   lui   gives: Je **le lui** donne.

Je ne donne pas le tableau à Francis

le   lui   Je ne **le lui** donne pas.

Je n'ai pas vu Francis au théâtre
           le   y   Je ne **l'y** ai pas vu.

When the verb is an imperative, the situation changes: The direct object **le**, **la**, **les** comes first, and is followed by the indirect object, which now includes the stressed form **moi** to replace **me**, which cannot be used in this final position.

So: Donnez le tableau (à moi) : Donnez-**le-moi.**
                          (à Denise) : Donnez-**le-lui.**
                          (à nous) : Donnez-**le-nous.**
                          (à eux) : Donnez-**le-leur.**

Il faut (2)

Il faut with a noun-object or an infinitive is a general statement, and does not specify who or what is involved.

e.g. **Il faut partir** means that someone has to leave, but this someone could be only the speaker, or everyone present, or anything between these two extremes.

Il faut un plan can mean, similarly, that someone (again unspecified) needs a plan; it can also mean, on a general level, that a plan is necessary.

To specify just who is involved, the *indirect object pronoun* is used. It is placed between **Il** and **faut**.

e.g. Il **me** faut partir.
Il **lui** faut vendre la maison.
Il **nous** faut vingt francs.
Il **vous** faut revenir ce soir.
Il **leur** faut des livres.

On ne m'a pas répondu

In Lesson 6 we gave examples of **on** used on a general level, corresponding to **tout le monde**. Here, when Gisèle says **'On ne m'a pas répondu'** she is referring to the people at the Maison de la Culture, so that this **on** corresponds to *they* — and it can also refer to the mysterious *They*... current in English.

NB. Gisèle also uses **on** in its general sense when she says **'On ne sait jamais!'**

EXERCICES

1

J'ai une maison à la campagne.	**Moi, j'ai** une maison à Chaviray.
Je passe le dimanche à Paris.	....
Je suis allé au lycée à Tours.	....
Je voudrais passer les vacances à Saint-Tropez.	....
J'ai beaucoup d'amis dans la région.	....
J'ai rencontré Francis sur la Côte d'Azur.	....
J'ai toujours travaillé à La Haye-Pirey.	....

2   Francis a donné **l'aquarelle à l'ingénieur?**   Oui, il **la lui** a donnée.

Francis a donné le tableau à Michel? ....

Francis a donné l'aquarelle au professeur? ....

Francis a donné le tableau aux filles? ....

Francis a donné l'aquarelle à Michel et Emmanuelle ....

Francis a donné le tableau aux commerçants? ....

André a montré les sens interdits à Joseph? ....

André a montré les sens obligatoires à Lucienne? ....

André a montré les sens interdits aux marchandes? ....

André à montré les sens obligatoires aux visiteurs? ....

3   Il faut donner **le tableau à Emmanuelle.**   Alors, donnez-le-lui!

Il faut donner l'aquarelle à Michel. ....

Il faut donner le cognac à Francis. ....

Il faut donner les livres à Denise. ....

Il faut donner le disque aux Baudrécourt. ....

Il faut donner la toile aux jeunes gens. ....

Il faut donner les statuettes à Gisèle et Joseph. ....

Il faut donner le foulard et la robe à la concierge. ....

4   Il faut donner **son pain à la concierge.**   Il faut **le lui** donner.

Il faut donner ses allumettes à André. ....

Il faut donner ses oranges à Joseph. ....

Il faut donner son livre à Monsieur Sayche. ....

Il faut donner sa lettre à Denise. ....

Il faut donner sa clef à Monsieur Servant. ....

Il faut donner son café à Jean-François. ....

Exercice écrit

Rewrite the sentences, changing the objects into pronouns, as in the example.

Il faut présenter la ville aux visiteurs.   Il faut **la leur** présenter.

Il faut donner le plan aux architectes. ....

Il faut donner le message aux Servant. ....

Il faut offrir la caisse de cognac à Francis. ....

Il faut acheter les bouteilles aux commerçants. ....

Il faut offrir les aquarelles à Emmanuelle et Michel. ....

Il faut vendre les appartements à Michel et André. ....

Il faut raconter le scandale à Denise. ....

Il faut présenter la lettre aux parents. ....

Il faut montrer la Maison de la Culture à ....
Emmanuelle et Francis.

(Answers on pages 178–9)

	Emmanuelle Baudrécourt	The Baudrécourts' flat, one morning.
	Denise Guilbot	Denise has finished the housework
	Un déménageur	and she and Emmanuelle are having a
		quiet cup of coffee . . .

Emmanuelle Alors, Denise, vous vous habituez à votre nouveau travail?

Denise Maintenant je me sens tout à fait chez moi ici!

Emmanuelle Vous vous êtes rapidement adaptée à ce grand appartement un peu bizarre.

Denise Je ne me souviens plus de ma première visite. Tout m'est devenu si familier!

Emmanuelle Alors, vous vous trouvez bien, n'est-ce pas?

Denise Oui, tout à fait, surtout depuis que les voisins du quatrième étage se sont calmés.

Emmanuelle Calmés? Mais ils sont partis! Ils se sont installés à la campagne avec leurs instruments de musique. Maintenant ils peuvent jouer et chanter nuit et jour.

Denise Je ne les ai jamais vus, mais je les ai entendus, ça oui!

Emmanuelle Je me rappelle notre première semaine ici: il y a eu une scène dès le premier soir! Ils se sont heurtés à mon mari à propos de notre radio!

Denise Ils se sont disputés avec tout le monde, je crois!

Emmanuelle En tout cas, ils se sont arrangés pour trouver une maison avec jardin, en dehors de la ville.

Denise Et les nouveaux voisins sont arrivés?

Emmanuelle Pas encore. Mais ils s'installent cette semaine.
(*Timbre*)

Denise	Tiens, la porte de la cuisine.
Emmanuelle	J'y vais . . . Bonjour, Monsieur?
Déménageur	Pardon Madame, je ne me trompe pas, c'est bien l'appartement vingt-quatre?
Emmanuelle	Ah non, ici c'est l'appartement dix-huit. Le vingt-quatre est au quatrième étage.
Déménageur	Alors, c'est l'appartement au-dessus du vôtre, Madame?
Emmanuelle	C'est ça.
Déménageur	Merci Madame. (*Il crie*) Holà, Marcel! Il faut s'organiser, c'est au quatrième! Je descends et on monte avec les pianos tout de suite.
Emmanuelle	Oh non! Pas ça!
Denise	Madame Baudrécourt! Vous êtes toute verte!
Emmanuelle	Décidément, Denise, la musique me poursuit!
Denise	Il ne faut pas se plaindre — ce sont des pianos, pas des trombones!

Gisèle Servant	The Servants' bedroom. Joseph and Gisèle are
Joseph Servant	trying to get some sleep while waiting for
Lucienne Servant	Lucienne to contact them . . .

Gisèle	Joseph, tu entends? Il y a quelqu'un en bas . . .
Joseph	En effet. Je descends . . .
Gisèle	Mon Dieu! Cinq heures! Que devient Lucienne!
Joseph	Je me le demande . . . enfin, calmons-nous! C'est peut-être elle! (*On frappe doucement à la porte*) Lucienne? C'est toi?
Lucienne	Oui.
Gisèle	Lucienne!
Lucienne	J'ai vu de la lumière dans votre chambre, et je suis venue . . . Oh! Quelle affaire! J'ai essayé de téléphoner de l'hôpital, mais impossible!
Joseph	La police est venue ici. Nous avons appris l'accident . . . Mais toi, comment te sens-tu?
Lucienne	Oh, mais très bien, ne vous inquiétez pas!
Gisèle	Ah! Tant mieux. Mais Lucienne, il faut toujours nous laisser un message. Nous connaissons toujours les événements trop tard! Nous nous arrangeons pour ne pas t'ennuyer, mais cette fois la venue de la police nous a inquiétés! Il faut t'habituer à nous donner des précisions. Enfin! Heureusement tu n'as pas de mal — c'est le plus important! Te sens-tu fatiguée?
Lucienne	Oui, un peu. Nous avons attendu longtemps à l'hôpital. On ne nous a même pas accompagnés, on n'a pas pris nos noms!
Joseph	Et tes amis?
Lucienne	Sylvie s'est mise à pleurer après l'accident, mais après un choc c'est normal. Elle s'est calmée à l'hôpital — elle s'est même endormie avant les examens!
Gisèle	Ouf! On se sent mieux! Tu es fatiguée, Lucienne, va te coucher!
Lucienne	Oui, bonne idée, je me couche. Je m'installe dans la chambre d'amis — elle est plus calme. Bonsoir!

MOTS ET EXPRESSIONS

la chambre d'amis	guest room	se coucher	go to bed
le choc	shock	se demander	wonder
ennuyer quelqu'un	bother (someone)	se disputer	quarrel
entendre (entendu)	hear	(avec quelqu'un)	
familier (ière)	familiar	s'endormir	go to sleep
jouer	play	se heurter à	cross swords with
l'instrument de	musical instrument	s'habituer à	get used to
musique (M)		s'installer	settle down
la lumière	light	se lever	get up
normal	normal	se mettre à (pleurer)	begin to (cry)
le piano	piano	s'organiser	get organised
poursuivre (poursuivi)	follow, pursue	se plaindre (plaint) de	complain about
la précision	detail	se reposer	rest
s'adapter à	get used to	se réveiller	wake up
s'arranger pour	arrange things	se sentir . . .	feel . . .
	so as to	se sentir mieux	feel better
la scène	scene	le voisin, la voisine	neighbour
se calmer	calm down		

je me sens tout à fait chez moi ici!	I feel quite at home here!
vous êtes toute verte	you're looking rather green
que devient Lucienne?	what's become of Lucienne?

QUELQUES NOTES SUR LA VIE

Noise

There are strict regulations controlling the amount of noise permitted in blocks of flats in France. For instance, tenants must not disturb the neighbours after 10 p.m. — indeed, the neighbours are legally entitled to call the police if they feel that the nuisance is excessive. Normally the rule is relaxed on Christmas night and New Year's Eve, but even this depends on individual tolerance and is not a right. The term for noise nuisance after 10 p.m. is **le tapage nocturne.**

QUELQUES NOTES SUR LA LANGUE

Pronominal verbs

These verbs have an extra *'reflexive' pronoun* which is placed between the subject and the verb:

subject pronoun	reflexive pronoun	
je	**me**	je me couche
tu	**te**	tu te réveilles
il / elle	**se**	elle s'installe
nous	**nous**	nous nous arrangeons
vous	**vous**	vous vous organisez
ils / elles	**se**	ils se lèvent

The perfect tense is formed with **être** (and so, the past participle must agree with the subject): **il s'est installé**
> **elle s'est organisée**
> **nous nous sommes arrangés**

a. When the subject and object are the same person (e.g. Gisèle washed herself) the verb is said to be *reflexive* and the above pronouns (and auxiliary **être**) must be used.

 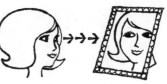

Elle **le** regarde — elle **se** regarde
Lucienne a calmé Sylvie — Sylvie **s'est** calmée
Gisèle a réveillé Joseph — Joseph **s'est** réveillé

b. Some verbs exist only as reflexives: e.g. **se souvenir.**

c. Compare these examples:

Michel stopped the car	Michel a arrêté la voiture
the car stopped	la voiture **s'est arrêtée**
Gisèle opened the door	Gisèle a ouvert la porte
the door opened	la porte **s'est ouverte**

Pronominal Verbs : Imperatives

In the imperative, the pronoun follows the verb (see lesson 5, p. 44); when the imperative is negative, the pronoun precedes the verb.

e.g. Calmons-**nous**! — Ne **nous** calmons pas!
Couchez-**vous**! — Ne **vous** couchez pas!

se souvenir, se rappeler

Both these verbs correspond to *remember*. However, there is a small but vital grammatical difference between them:

Je me souviens **de** cette histoire.
BUT
Je me rappelle cette histoire.

So if we replace **cette histoire** with a pronoun, we have:

Je m'**en** souviens.
BUT
Je me **la** rappelle.

On . . .

On may be used as an alternative for **nous,** particularly in informal spoken French, as when the removal man says: '**On monte avec les pianos** . . .' or Gisèle says '. . . . **on se sent mieux!**' (and uses **se,** which is the pronoun corresponding to **on**).

On is also used where English might have *somebody*: when the removal man rings the doorbell, Denise could perfectly well have said '**Tiens, on sonne'.**

NB. Lucienne uses the 'They' form of **on** when she says '**On n'a pas pris nos noms.'**

EXERCICES

1
André parle **de Paris.** André **en** parle.
Gisèle a parlé de l'accident. ....
Emmanuelle se souvient de la musique. ....
Michel s'est souvenu des vacances. ....
Le concierge s'est plaint du bruit. ....
Lucienne s'est plainte de l'hôpital. ....
Sylvie a besoin d'argent. ....

2
On **se couche?** Oui, il faut **se coucher** maintenant.
On s'installe? ....
On s'organise? ....
On se calme? ....
On s'endort? ....
On s'adapte? ....
On se repose? ....

3
Il faut **se coucher!** Alors, **je me couche.**
Il faut se calmer! ....
Il faut s'adapter! ....
Il faut s'endormir! ....
Il faut se lever! ....
Il faut se reposer! ....
Il faut s'organiser! ....

4	Emmanuelle s'endort ?	Oui, elle s'est déjà endormie
	Michel s'habitue ?	....
	Joseph se trompe ?	....
	Les Servant s'installent ?	....
	Le jeune homme se couche ?	....
	Les filles se rencontrent ?	....
	Les voisins se disputent ?	....
	Les déménageurs s'organisent ?	....

5	Je voudrais me lever.	Alors, levez-vous !
	Je voudrais me reposer.	....
	Je voudrais m'endormir.	....
	Je voudrais me coucher.	....
	Je voudrais m'installer.	....

	Moi, je ne veux pas me lever.	Eh bien, ne vous levez pas !
	Moi, je ne veux pas me coucher.	....
	Moi, je ne veux pas m'endormir.	....
	Moi, je ne veux pas me reposer.	....

Exercice écrit

Complete by filling in the blanks.

Example: Je ne **me** dispute jamais avec **mes** élèves.

Gisèle ne............dispute jamais avec............filles.

Lucienne ne............dispute jamais avec............parents.

Les parents ne............disputent jamais avec............enfants.

Les élèves ne............disputent jamais avec............professeurs.

Vous ne............disputez jamais avec............voisins.

Nous ne............disputons jamais avec............commerçants.

Ils ne............disputent jamais avec............amis.

(Answers on page 179)

 Emmanuelle Baudrécourt
Michel Baudrécourt

Emmanuelle's birthday, after a quiet dinner at home. She has just unwrapped Michel's present — a watercolour by Francis . . .

Emmanuelle   Chéri! C'est une idée merveilleuse! Je suis très contente . . .

Michel   Je pensais que c'était le meilleur cadeau pour toi. Francis est vraiment sympathique — ce tableau te plaisait, il le savait . . .

Emmanuelle   Francis! C'est un homme extraordinaire. Mon père parlait toujours de lui avec beaucoup d'émotion, beaucoup de sympathie. Nous le voyions très souvent autrefois. Il se rappelait l'autre aquarelle?

Michel   Oui, très bien. C'était . . .

Emmanuelle   Vraiment? Il a une excellente mémoire — je ne m'en doutais pas!

Michel   Mais oui! Tu l'as reçu pour ton baccalauréat, non?

Emmanuelle   C'est cela exactement! J'étais très flattée . . . mes camarades admiraient ce tableau dans ma chambre.

Michel   Et qu'en pensais-tu, toi?

Emmanuelle   Oh, moi, j'en étais ravie. A cette époque j'aimais déjà beaucoup la peinture, la musique et la littérature. Je découvrais le monde . . . !

	Mes camarades et moi passions de longues soirées à comparer nos impressions, à transformer la société . . .
Michel	Déjà?! Toi, la bonne élève consciencieuse, sérieuse . . .
Emmanuelle	Mais tu te moques de moi, chéri? Evidemment toi, à seize ou dix-sept ans tu devais seulement penser au sport!
Michel	C'est vrai, j'étais très sportif, mais ce n'était pas tout . . .
Emmanuelle	Les filles, hein?
Michel	Bon, bon . . . mais si on accrochait l'aquarelle? Tu pensais la mettre dans le salon ou dans la chambre?
Emmanuelle	Je voudrais la mettre dans la chambre. Tu n'es pas de mon avis?
Michel	J'y pensais moi aussi. Alors, sitôt dit, sitôt fait!

Lucienne Servant	*At the Cinétic, about 8.30 p.m.*
Jean-François, son ami	*Lucienne has come to meet some*
Félix, garçon de café	*friends, including Jean-François and Sylvie. She orders a cup of chocolate . . .*

Félix	C'est pour vous, le chocolat, Mademoiselle?
Lucienne	Oui, monsieur, c'est pour moi. Merci. Je vous dois combien?
Félix	Vous payez le tout, vous?
Lucienne	Pardon?
Félix	Vous payez votre chocolat et les jus de fruits de vos amis?
Jean-François	Mais non! Nous, nous avons déjà payé nos jus de fruits.
Félix	Pas à moi! Non, pas à moi, en tout cas.
Jean-François	Mais pardon, Monsieur Félix, moi, je vous dis que si. Mais si, Monsieur Félix, à vous.
Félix	Ah? Vous étiez avec eux tout à l'heure? (*il indique la table voisine*)
Jean-François	Moi? Avec qui?
Félix	Avec les gens à la table à côté. Vous et la jeune fille blonde.
Jean-François	Non non, moi, je suis arrivé après Sylvie, mais elle n'était pas avec ces gens-là. Eux, ils sont arrivés il y a cinq minutes.
Félix	Ah oui, c'est vrai, je m'en souviens maintenant. Vous aviez raison, Monsieur, vous avez payé. Mais eux, ils ne m'ont pas payé.
Lucienne	Monsieur! Mon chocolat – je voudrais vous en demander le prix.
Félix	C'était un chocolat chaud, n'est-ce pas?
Lucienne	Oui, Monsieur Félix.
Félix	Bon . . . c'est un franc vingt . . . merci Mademoiselle.
Jean-François	Si on allait au cinéma? Il faut partir maintenant.
Lucienne	Mais il est neuf heures moins dix. La séance ne commence qu'à neuf heures et quart. Nous ne sommes pas pressés.
Jean-François	Ma petite Lucienne! Tu lisais l'*Echo de l'Ouest* autrefois! *Le Colisée* ouvre désormais ses portes à six heures et demie et neuf heures, tu ne le savais pas?
Lucienne	Non, mais maintenant je le sais . . . Allons, en route!
Jean-François *Lucienne* }	Bonsoir, Monsieur Félix! Merci!
Félix	Bonsoir, les enfants! Bonne soirée!

MOTS ET EXPRESSIONS

accrocher	hang	le jus de fruits	fruit juice
l'avis (M)	opinion	la littérature	literature
être de l'avis de quelqu'un	agree with someone	meilleur	better, best
		la mémoire	memory
autrefois	in the past, before	merveilleux (euse)	marvellous
le/la camarade	friend	se moquer de	make fun of
le chocolat	chocolate	se séparer de	part with
consciencieux (euse)	conscientious	la société	society
découvrir (découvert)	discover	la soirée	evening
se douter de	suspect (something)	le sport	sport
l'émotion (F)	emotion, feeling	sportif (ive)	sporty, sports-mad
flatter	flatter	la sympathie	kindness, fondness, affinity
l'impression (F)	impression, idea		

je ne m'en doutais pas { I never suspected that / I'd never have thought it

sitôt dit, sitôt fait!   no sooner said than done!

QUELQUES NOTES SUR LA VIE

Félix

Félix is a traditional name for a French café waiter — rather on a level with the English butler Jeeves. Félix, however, has his roots in reality. In the late 1850s, when cafés were enjoying their first vogue on the newly built boulevards in Paris, competition was fierce and managements vied with one another to provide unusual facilities and attractions.

One café, the Helder, on the Boulevard des Italiens, attracted a large clientèle of army officers. It turned out that modern equipment and luxurious appointments were not the only attractions: the café had a waiter who knew the Army Register by heart — and his name was Félix.

Le Cinéma

Generally speaking the cinema in France has not declined as British cinemas have done in the last twenty years. While a few cinemas in the largest cities have introduced **le spectacle permanent** (continuous performance), by far the greater part of French cinemas work on the system of separate showings, as theatres have always done. In provincial towns the normal time for the evening performance to start is between 8 and 9 p.m., although in Paris the most usual time is around 9 p.m., while those cinemas giving two performances each evening generally time them to start at approximately 6.30 and 9 p.m. Partly because of fire regulations and problems of ventilation, but most of all from long-standing tradition, smoking is strictly forbidden in all but a handful of cinemas, so that the advertising (and ice-cream) break before the main film is the sign for a large part of the audience to slip out into the foyer for a cigarette.

QUELQUES NOTES SUR LA LANGUE

Moi, je . . .

To emphasise the subject or object of a sentence, the stressed personal pronoun may be added. (For a table of stressed pronouns, see lesson 6, p. 50.)

e.g.	Neutral	:	Je vous ai attendu.
	Stress **je**	:	**Moi, je** vous ai attendu.
	Stress **vous**	:	Je **vous** ai attendu, **vous**.
	Stress both	:	**Moi, je vous** ai attendu, **vous**.
	Neutral	:	Je vous ai parlé.
	Stress both	:	**Moi, je vous** ai parlé, **à vous**.

A moi, chez lui, devant nous

When a preposition introduces a pronoun, the stressed form is used:

chez **moi**	pour **nous**
avec **lui**	après **vous**
avant **elle**	chez **eux**

The Imperfect Tense

This past tense, which corresponds roughly to the English 'was (do)ing' 'used to (do)', is formed with the endings

-ais	-ions
-ais	-iez
-ait	-aient

The simplest way to find the stem (more reliable than starting from the infinitive) is to take the **nous** form of the present tense and remove the ending **-ons**. e.g.

infinitive:	chercher	faire
nous:	nous cherch**ons**	nous fais**ons**
new stem:	cherch-	fais-
giving:	je cherchais	je faisais
	tu cherchais	tu faisais
	il cherchait	il faisait
	nous cherchions	nous faisions
	vous cherchiez	vous faisiez
	ils cherchaient	ils faisaient

	infinitive:	recevoir	avoir
	nous:	nous recev**ons**	nous av**ons**
	new stem:	recev-	av-
	giving:	je recevais	j'avais
		tu recevais	tu avais
		il recevait	il avait
		nous recevions	nous avions
		vous receviez	vous aviez
		ils recevaient	ils avaient

être does not fit this rule. Its new stem is **ét-**, which gives:

j'étais
tu étais
il était
nous étions
vous étiez
ils étaient

il faut: Imperfect form **il fallait**

Si!   **Oui** can be thought of as a neutral 'yes'. **Si** is used when the expected answer was clearly 'no' — but is not, so there is a degree of contradiction.

NB. It can sound rather aggressive, so it is as well, when using **si**, not to overstress it.

Si on allait au cinéma . . . ?

This is a relaxed way of suggesting that it would be a good idea to do something. It can serve either as a first suggestion or as a reply, as can be seen from the following examples:

Si on allait au cinéma? D'accord, allons-y maintenant!
J'ai envie d'aller au cinéma. Moi aussi, si on y allait maintenant?

EXERCICES

1

Je vous envoie une lettre?	**Envoyez-moi** une lettre.
Je vous parle de mes projets?	....
Je vous donne ce livre?	....
Je vous loue cette voiture?	....
Je vous montre la maison?	....
Je vous attends au café?	....
Je vous présente au directeur?	....
Je vous réponds par lettre?	....

2

Francis n'est pas venu.	Il était chez **lui**.
Je ne suis pas venu.	....
Emmanuelle et Michel ne sont pas venus.	....
Nous ne sommes pas venus.	....
Gisèle et Lucienne ne sont pas venues.	....
Vous n'êtes pas venu.	....
Denise n'est pas venue.	....

3

. . . TOUT LE MONDE ETAIT AU CINEMA !

Emmanuelle est venue avec **Francis et Michel**.	Emmanuelle est venue avec **eux**.
Je suis venue avec **Madame Trude**.	....
Madame Trude est venue sans **son mari**.	....
Gisèle était à côté de **Joseph**.	....
J'étais derrière **Joseph**.	....
Jean-François était avec **Lucienne**.	....
Nous étions à gauche de **Michel**.	....
Joseph était devant **Madame Trude et moi**.	....
Emmanuelle était entre **Francis et Michel**.	....
Denise était devant **Emmanuelle et Michel**.	....
Madame Trude était à côté de ....?	....

4

Leur fils **va à Londres** souvent ?	Non, mais l'an dernier il **y allait** toutes les semaines.
Lucienne rencontre son ami souvent ?	....
Michel fait du tennis souvent ?	....
Francis part à la campagne souvent ?	....
Emmanuelle téléphone à ses parents souvent ?	....
Le jeune homme quitte la ville souvent ?	....
La police vient au Bar de l'Etoile souvent ?	....
Félix se trompe souvent ?	....

5   Je **cherche** mon porte-monnaie.   Mais vous **le cherchiez** déjà hier.

J'attends mon mari.   ....

Je regarde la vitrine.   ....

Je raconte l'histoire.   ....

Je rencontre les amis.   ....

Je parle à la concierge.   ....

Je téléphone à Lucienne.   ....

J'observe les voisins.   ....

6   La Complainte de Félix!

NOSTALGIE DU BON VIEUX TEMPS

Maintenant les enfants **n'écoutent pas**   Autrefois les enfants **écoutaient**

leurs parents.   leurs parents.

Maintenant les filles ne sont pas sentimentales.   ....

Maintenant les clients ne sont pas bien habillés.   ....

Maintenant les jeunes gens vont au café.   ....

Maintenant on va souvent au cinéma.   ....

Maintenant on voyage beaucoup.   ....

Maintenant Chaviray est plein de voitures.   ....

Exercices écrits

1   Fill in the blanks by choosing the appropriate verb and putting it into the imperfect tense.

Les souvenirs d'Emmanuelle (1)

Lorsque j' .... petite, Francis .... souvent à la maison. Il y ....
tous les quinze jours à peu près. Il .... toujours des bonbons et nous
.... ses voyages. Je .... du piano et il m' .... très patiemment!
Mes parents l' .... beaucoup.

aimer	jouer
apporter	raconter
écouter	venir (2)
être	

2   Complete the story by choosing the appropriate verbs to fill the blanks.

Tous les ans je .... en vacances à La Baule. Mes parents .... toujours
de bonne humeur. Nous .... de bonne heure le matin, ... sur la
plage, ... au bord de la mer. Mon père .... de merveilleux châteaux
de sable pour moi. J' .... toujours triste de partir. Francis .... souvent
nous retrouver — c' .... merveilleux!

construire	être (3)
courir	partir (2)
descendre	venir.

(Answers on p. 179)

Denise Guilbot
Tante Léonie
Le Marchand de poissons

Denise is doing Francis' shopping in the market. As she gets nearer the fish stall, she notices an argument going on. Then she recognises her Aunt Léonie having words with the fishmonger . . .

Tante Léonie	Ah, non! Monsieur, vous n'allez pas me donner ce poisson-là! Il n'est qu'à moitié frais! Comme la semaine dernière, d'ailleurs!
Marchand	Allons, Madame Léonie! Il est bon, mon poisson! Et la semaine dernière il était frais, comme d'habitude! Mais si! Ah, là, là!!
Tante Léonie	Hmm!! Ah, ma petite Denise! Tu es toujours dans le quartier? Je te croyais déjà installée Boulevard du Général Leclerc. Alors, tu n'as pas déménagé? Pourquoi?
Denise	Mais ma tante . . .
Tante Léonie	Il fallait le faire avant la rentrée, Denise. Ce n'est pas bon pour Rémy de changer de classe. Moi, je me souviens quand ma pauvre mère revenait . . .
Denise	Excuse-moi, tante Léonie. Je prends ma commande de poisson.
Tante Léonie	Denise, tu allais toujours au supermarché COOP faire tes courses autrefois. Tu n'y vas plus?

Denise	Mais si, tante Léonie, mais là, je venais simplement prendre la commande de Monsieur Sautier.
Tante Léonie	Francis Sautier???
Denise	Oui, je travaille chez lui deux fois par semaine.
Tante Léonie	Mais je ne le savais pas! Comment! André accepte cela!... C'était un drôle de type, ce Francis... Je le connaissais autrefois. Ses parents venaient en vacances à La Baule tout près de chez mes parents! Il était bizarre!
Denise	Oh, moi, je le trouve sympathique.
Tante Léonie	Pas étonnant! Il a toujours été charmant — et mon Dieu, il le savait quand il était jeune! Toutes les filles tombaient dans ses bras! On ne parlait que de lui! On ne rêvait que de lui!
Denise	... et toi, tante Léonie, tu le connaissais bien?
Tante Léonie	Hem!... Si on prenait une tasse de thé chez Lagourme, ma petite Denise?
Denise	Très rapidement, alors...

	(*Au salon de thé Lagourme*)
Tante Léonie	... mais tu n'as pas l'air de savoir...
Denise	Quoi, ma tante?
Tante Léonie	Cette Madame Sani va passer au tribunal!
Denise	Ah bon! Mais pourquoi?
Tante Léonie	Eh bien, voilà: il y a une nouvelle locataire dans la maison. Une jeune femme agréable, Madame Daplond. Elle habite juste à côté de Madame Sani. Elles utilisaient toutes les deux le même séchoir, et puis... la petite Daplond, elle, s'apercevait que ses jolis petits sous-vêtements disparaissaient!...
Denise	Oh!!
Tante Léonie	Eh oui, ma chère! Elle se doutait de quelque chose — et elle a même demandé plusieurs fois des explications à Madame Sani. Mais il n'y avait rien à faire, Madame Sani niait toujours. Mais on l'accuse quand même. Et le pire! On a trouvé chez elle quinze combinaisons!
Denise	Vraiment?
Tante Léonie	On le dit! Ça a mis la maison sens dessus dessous.
Denise	Bien sûr!
Tante Léonie	Et encore...
Denise	Oh, tante Léonie... excuse-moi. J'ai promis à Rémy d'être au lycée à cinq heures.

Madame Sani	*Flashback: a policeman calls to question the*
Un Agent de Police	*tenants at 4 rue du Lavoir about the missing washing. He comes to Madame Sani's door and explains his visit. Madame Sani is not altogether pleased...*

Madame Sani	Monsieur, je ne vous comprends pas du tout! Ces... vêtements n'ont pas pu disparaître du séchoir? Je suis désolée, mais je ne peux pas vous aider. Je ne sais rien. Au rev...

Agent	Un instant Madame, je vous prie. Vous n'étiez pas à la maison vendredi dernier?
Madame Sani	Je n'avais aucune raison de sortir. J'étais donc chez moi. Pourquoi?
Agent	Vous n'êtes pas allée au séchoir?
Madame Sani	Monsieur! Je n'accepte pas du tout ce genre de question. Je n'ai jamais entendu une chose pareille! Personne ne m'a jamais accusée de quoi que ce soit! J'ai une excellente réputation! Je n'ai que des amis dans le quartier!
Agent	Pardon, Madame, je ne vous accuse de rien. Je vous demande simplement si vous êtes allée au séchoir.
Madame Sani	NON, Monsieur, je n'y suis pas allée. D'ailleurs, je n'y vais plus.
Agent	Mais vous mettez bien votre linge quelque part, Madame!
Madame Sani	Non, Monsieur, je ne le mets nulle part. Enfin, s'il faut tout vous dire, je le mets dans ma salle de bains, ici, chez moi. Vous ne me croyez pas?
Agent	Mais bien sûr, Madame! Je demandais simplement ceci: avez-vous vu des étrangers dans la maison?
Madame Sani	Je vous ai déjà répondu, Monsieur! Je n'ai pas vu un seul étranger. Allez donc voir Madame Nase au cinquième étage – elle passe toute sa vie dans l'escalier: je l'y vois tout le temps! Adieu Monsieur! Moi, je n'ai plus rien à vous dire!

MOTS ET EXPRESSIONS

accuser	accuse	pareil (pareille)	similar
aucun (aucune)	no (adjective)	quelque part	somewhere
la combinaison	petticoat, underskirt	personne . . . ne	nobody . . .
les courses (F)	errands, shopping	plutôt	rather
l'étranger (M)	stranger	le poisson	fish
l'étrangère (F)		promettre (promis)	promise
frais (fraîche)	fresh	le quartier	neighbourhood
le genre	sort, type	la réputation	reputation
le/la locataire	tenant	rêver	dream
à moitié	half	le séchoir	drier, drying room
nier	deny	les sous-vêtements (M)	underclothes
nulle part	nowhere	utiliser	use

je te croyais déjà installée . . .	I thought you were living in . . . now
un drôle de type	a funny chap, a funny piece of work
passer au tribunal	appear in the courts
sens dessus dessous	upside down
je n'ai jamais entendu une chose pareille!	I've never heard anything of the sort!
quoi que ce soit	anything whatever (negative)
au grand jamais!	never (a very emphatic form)

QUELQUES NOTES SUR LA VIE

Chez Lagourme – Le salon de thé

Alongside the highly developed café life of every French town, there are usually a few **salons de thé**. The main distinction between **un café** and **un salon de thé** is that while cafés sell tea as part of their wide range of refreshments, **salons de thé** generally cultivate a more private, carpeted atmosphere and concentrate on tea, ices, pâtisseries and light snacks, although they often sell alcoholic drinks as well. Unlike British tea rooms, **un salon de thé** is a luxury establishment; it aims at an afternoon clientèle, and generally closes by 5.30 or 6 p.m.

QUELQUES NOTES SUR LA LANGUE

Imperfect Tense (2)

The imperfect tense is used to refer to a period of time in the past: the action may have lasted throughout the period or occurred regularly.

e.g. L'an dernier **j'habitais** près de la pharmacie.
L'an dernier **j'allais** à la pharmacie tous les mois.

On the other hand, the perfect tense corresponds to a point in time – or to a period of time that is felt as a completed unit:

e.g. **J'ai vécu** près de la pharmacie pendant trois ans.
Hier **je suis allé** à la pharmacie.
L'an dernier **je suis allé** à la pharmacie deux fois.

When the two tenses are used together, the imperfect often sets the scene for the perfect tense.

e.g. Je **dormais**; le téléphone **a sonné**.
Le téléphone **sonnait**; je **me suis levé**.

The imperfect can be used in a similar way to describe an uncompleted action.

e.g. Hier Denise **est allée** au marché.
Hier Denise **allait** au marché, mais elle **a rencontré** sa tante Léonie.

Negatives

The basic **ne ... pas**, and its more emphatic form **ne ... pas du tout** (NB **pas du tout** can exist alone; **pas** cannot) convey a general, outright negative.

74

ne is always present in negatives, but the other element can vary; to refer more or less precisely to time, space, people and so on:

ne . . . jamais	never (Je n'y vais jamais)
ne . . . plus	no more, no longer (Je n'y vais plus)
ne . . . rien	nothing (Je ne vois rien BUT je n'ai rien vu)
ne . . . nulle part	nowhere (Je ne suis allé nulle part)
ne . . . aucun (adjective)	no . . . (Il n'y a aucune raison . . .)
ne . . . personne	nobody (Je n'ai vu personne)

Aucun, as adjective or pronoun, and personne, may both function as subjects of sentences, in which case ne follows them, e.g.:

Aucun professeur n'est venu.
Personne n'est venu.

non plus is the negative equivalent of aussi:

Je vais au café.	Moi aussi, j'y vais.
Je ne vais pas au café.	Moi non plus, je n'y vais pas.

Ne . . . que

The negatives presented so far have been *complete* negatives, which correspond to the absolute ideas of *nothing*, *nobody*, etc. The main restrictive negative, corresponding to the idea of *only*, is expressed by ne . . . que,

e.g. Je n'achète pas d'oranges.   BUT
Je n'achète que des oranges.

Il n'y a pas d'oranges.   BUT
Il n'y a que deux oranges dans la boîte.

EXERCICES

1   Gisèle n'a jamais aimé le théâtre?   Si, elle aimait le théâtre autrefois. Mais maintenant elle ne l'aime plus.

Félix n'a jamais connu ses clients?   ....

Denise n'a jamais utilisé cette huile?   ....

Michel n'a jamais joué au football?   ....

Monique n'a jamais vu la concierge?   ....

Sylvie n'est jamais allée au Cinétic?   ....

2   J'ai envie d'aller au cinéma   Mois aussi, si on y allait maintenant?
J'ai envie de manger.   ....
J'ai envie d'acheter des livres.   ....
J'ai envie de parler au marchand de poissons.   ....
J'ai envie de regarder ce tableau.   ....
J'ai envie de monter chez Sylvie.   ....
J'ai envie de m'arrêter un instant.   ....

3   Make the sentences negative by using **personne, rien, nulle part** or **jamais** as appropriate.

Vous attendez **vos amis**?   Non, je n'attends **personne**.

Vous allez **à Paris**? ....

Vous chantez **souvent**? ....

Vous achetez **une robe**? ....

Vous y allez **tous les jours**? ....

Vous parlez **à la concierge**? ....

Vous les avez trouvés **au théâtre**? ....

Vous avez **cinq francs** s'il vous plaît? ....

4

Joseph **revient** tard aujourd'hui.   Autrefois il **revenait** encore plus tard.

Les enfants parlent rapidement aujourd'hui. ....

Le grand-père chante fort aujourd'hui. ....

Tante Eléonore se sent fatiguée aujourd'hui. ....

Tante Léonie se trompe souvent aujourd'hui. ....

Rémy joue longtemps aujourd'hui. ....

Francis se sent jeune aujourd'hui. ....

5

Vous étiez **au cinéma**, n'est-ce pas?   Ah! Vous m'y avez vu?

Vous étiez dans l'autobus, n'est-ce pas? ....

Vous étiez sur le pont, n'est-ce pas? ....

Vous étiez à la pharmacie, n'est-ce pas? ....

Vous étiez devant l'épicerie, n'est-ce pas? ....

Vous étiez chez Sylvie, n'est-ce pas? ....

Exercice écrit

Rewrite the following sentences as in the example. In each case you will have to change the noun in heavy type into a verb.

Example: Vous parliez de la **disparition** des vêtements?
        Oui, je disais que les vêtements **disparaissaient**.

Vous parliez de l'**inquiétude** de Monsieur et Madame Servant?

....

Vous parliez du **départ** de Lucienne?

....

Vous parliez du **commencement** des vacances?

....

Vous parliez des **rêves** des adolescents?

....

Vous parliez du **rire** de Madame Sani?

....

Vous parliez du **voyage** de Monsieur Sautier?

....

Vous parliez du **déménagement** des voisins?

....

(Answers on pages 179–180)

11

Emmanuelle Baudrécourt
Michel Baudrécourt

Michel and Emmanuelle have taken a few days out to go skiing at Avoriaz. Emmanuelle is sunning herself on the balcony of their hotel room.

Michel	Alors, chérie, tu es contente? Je me demandais si tu allais aimer ces vacances.
Emmanuelle	Oh oui, tu sais, Michel. Je n'en pouvais plus à Chaviray! Ces derniers mois ont été si fatigants!
Michel	C'était ton premier travail. Mais il ne faut plus y penser – maintenant tu te reposes au soleil.
Emmanuelle	C'est merveilleux – j'en avais vraiment besoin!
Michel	C'est exact! Tu ne voulais pas venir à Avoriaz; tu hésitais, mais maintenant tu es contente d'y être et tu as une mine extraordinaire!
Emmanuelle	Tiens, tu me disais la même chose il y a deux ans à Courchevel, à la terrasse du 'Globe' . . . quand nous regardions les téléphériques.
Michel	Oh, je l'ai oublié – tu t'en souviens, toi?
Emmanuelle	Evidemment!! C'était notre premier instant en tête-à-tête!
Michel	Ce n'était pas étonnant, nous avions tellement d'amis, nous étions rarement seuls.
Emmanuelle	Oh! Ce soleil! Fermons les yeux! Jamais je n'ai tant aimé le soleil et la neige. L'an dernier il ne faisait pas si beau.
Michel	C'est vrai – le mauvais temps nous empêchait de sortir, alors nous lisions.

Emmanuelle	Nous lisions? Toi, tu te plongeais dans *Astérix*! Moi, au moins, je lisais Proust!
Michel	Mais moi, au moins, j'ai terminé mon *Astérix*! Toi, tu commences Proust tous les ans et tu ne le termines jamais! Dis donc, il est une heure . . . on devait rencontrer les Maxent, tu ne t'en souviens pas?
Emmanuelle	Oh, si, très bien. Je les ai vus il y a quelques minutes. Ils rentraient à l'hôtel. Agnès parlait beaucoup. Elle me semblait en pleine forme malgré trois heures de ski!
Michel	Emmanuelle, il faut te dépêcher . . . nous devions les voir à une heure et quart.
Emmanuelle	Je m'habille et nous descendons.

(Emmanuelle et Michel descendent au salon)

Michel	On doit les rencontrer au salon, n'est-ce pas?
Emmanuelle	Mais oui, tu me le disais à l'instant! Si on allait se mettre auprès de la cheminée?
Michel	Oh! Je vais avoir trop chaud.
Emmanuelle	Mais non, voyons, tu as toujours trop chaud! Mais tu devais changer de vêtements! Tes après-ski sont trop confortables et ce chandail est trop épais . . .
Michel	Bref! Voilà Agnès et Florent!

Emmanuelle Baudrécourt Le Moniteur de ski	*Emmanuelle decides it's high time she improved her ski technique so . . . off to the beginners' slopes.*

Moniteur	Vous venez pour la leçon particulière?
Emmanuelle	Oui, c'est cela. Je ne me souvenais pas de l'heure . . . je suis un peu en avance.
Moniteur	Tant mieux! Si on y allait?
Emmanuelle	Oh, là! là! Mes skis tombent!
Moniteur	Voilà. Comme ça. Vous attachez vos skis et vos bâtons sur l'épaule. C'est plus facile, non?
Emmanuelle	Oui, merci, ils sont vraiment plus faciles à porter comme ça.
Moniteur	C'est la première difficulté! Tous les débutants ont du mal à porter leurs skis!
Emmanuelle	Elle est loin, la piste A? Il est tellement difficile de marcher avec ces grosses chaussures.
Moniteur	Patience! C'est déjà plus facile! On s'habitue, non?
Emmanuelle	Vraiment? Je suis déjà très essoufflée! Pour moi, c'est toujours aussi difficile!
Moniteur	C'est votre premier séjour à la neige?
Emmanuelle	Non, pas exactement. J'ai pris des leçons autrefois, mais j'ai tout oublié.
Moniteur	Enfin, vous savez chausser les skis, c'est déjà un début! Et ces nouveaux skis sont faciles à chausser. Le reste est beaucoup plus simple.

Emmanuelle	Et maintenant?
Moniteur	Posez vos skis, piquez vos bâtons dans la neige — attention!
Emmanuelle	Ça commence — il est difficile de rester debout!
Moniteur	Mais la neige est si bonne aujourd'hui. Et il n'est pas difficile de lacer les chaussures.
Emmanuelle	Plus facile à dire qu'à faire!
Emmanuelle Moniteur }	(Rires)
Moniteur	Courage, ce n'est pas compliqué! Vous êtes souple! Debout? Bravo! C'est déjà plus facile, non?

MOTS ET EXPRESSIONS

les après-ski (M)	après-ski, furry boots	s'habiller	dress
auprès de	near, beside	lacer	lace
avoir du mal à	have trouble	lire (lu)	read
le bâton	ski-stick	la neige	snow
le chandail	sweater	l'œuvre (F) de Proust	the works of Proust
chausser	put on (boots, shoes, etc.)	particulier (ère)	private
		la patience	patience
la cheminée	fireplace, chimney	piquer	stick in
compliqué	complicated	la piste	ski slope
le débutant	beginner	se plonger	bury oneself
se dépêcher	hurry	le séjour	stay
la différence	difference	souple	supple
faire beau	be fine (weather)	le téléphérique	ski lift
gros (grosse)	big, heavy		

il y a	ago
il y a cinq minutes	five minutes ago
il y a quelques minutes	a few minutes ago
en tête-à-tête	just the two of us
je me sens revivre!	I feel a new man/woman!
je n'en pouvais plus!	I couldn't stand it any more!

QUELQUES NOTES SUR LA VIE

Les Sports d'Hiver

The popularity of winter sports has increased spectacularly in France over the last ten years, largely because of the rising standard of living, but also because of conscious planning by the government departments and ministries concerned with sport, leisure and youth and tourism, which also give encouragement in the form of loans to local authorities wishing to expand and develop winter sports facilities. It is also big business, and private firms have begun to build complexes of hotels, restaurants, shopping centres and blocks of flats to let or for sale.

These complexes are generally centred round an existing town or village, but are sometimes constructed in virgin territory, as in the case of Avoriaz (which incidentally is inaccessible by road, particularly in winter, when access is virtually exclusively by ski-lift). However, winter sports are by no means confined to the rich — virtually every schoolchild has the opportunity to participate in subsidised skiing holidays (**les classes de neige**: groups of schoolchildren spend a month in the mountains, accompanied by their class teachers who organise schoolwork in the mornings and sports sessions in the afternoons) and most ski resorts, **les stations de ski**, have at least one youth hostel.

Proust

Marcel Proust, one of the most renowned and respected French novelists, was born in 1871 and died in 1922. He belonged to a rich family, and spent his life in Paris mingling with elegant, intellectual society — in his later years mainly by night, as by day he slept, when he was not working in his study, cork-lined against the noise of Paris traffic. This life, and his childhood summers in Normandy, provided the rich material on which he drew and embroidered to produce his immense cycle of novels, *A la recherche du temps perdu* (Remembrance of things past), a subtly allusive work, in which Proust's memories and emotions range back and forward in time, providing a complex, comprehensive, and by no means indulgent portrait of the upper reaches of French society at the turn of the century. One important aspect of Proust's work is the role of the senses in touching off memory — the most famous case is that of the little cakes (**madeleines**) whose taste and texture immediately conjure up long summer afternoons at Combray. Combray can be visited, and madeleines can still be bought there . . .

Astérix

Astérix the Gaul began his career as a comic strip for children — until he was discovered by adults, who promptly turned him into a cult figure in the mid-sixties, when he reached a peak of fame unknown since Mickey Mouse. He is a tiny Gaul, living under the Roman occupation — unfortunately for the Romans, because Astérix becomes invincible under the influence of the magic potion brewed by the local druid Panoramix. His stalwart friend Obélix (a menhir-deliverer by trade) has no need of Panoramix' attentions, as when he was a child he fell into a cauldron of the potion and its effects were permanent. A whole series of albums retells the adventures of Astérix and Obélix — they are also translated into several languages, including English.

QUELQUES NOTES SUR LA LANGUE

Emphasis

To emphasise the subject of a sentence, it can be spotlit by prefacing it with **C'est** and following it with **qui**. If the subject is a pronoun, the stressed form is used (see lesson 6, p. 50).

e.g. Je dois partir à cinq heures.   C'est **moi** qui dois partir à cinq heures.
Yvette est tombée dans la neige.   C'est **Yvette** qui est tombée dans la neige.

This is a useful construction, not only for emphasis, but also for distinguishing between possibilities. For example, someone has fallen on the ski slope. The slope is covered with little black dots of people. You recognise Yvette's feet in the air, so you specify:

C'est Yvette qui est tombée dans la neige.

(il est/c'est) + (difficile/facile) + (à/de)

If the verb has no object, or if the object follows the verb, the form is

il est facile de
il est difficile de } followed by the verb in the infinitive.

e.g. Il est facile **de** chanter.
Il est difficile **de** faire une ratatouille.

If the object of the verb has already been stated, either at the beginning of the sentence or through **c'est**, the formula is

c'est facile à
c'est difficile à } followed by the verb in the infinitive:

J'aime chanter. **C**'est facile **à** faire.
Une ratatouille? **C**'est facile **à** faire.
La ratatouille est facile **à** préparer.

Summary: contrast   Il est facile de faire une ratatouille.
La ratatouille est facile à faire.

Il est difficile de porter ces skis.
Ces skis sont difficiles à porter.

NB. This rule is so often broken in contemporary spoken French that it may one day cease to be a rule; at present, however, it still corresponds to what is considered 'correct usage'.

With the **Il est** . . . construction, it is possible to specify just who finds the going difficult or easy, by using the indirect object pronoun (me, te, nous, vous, lui, leur) which is placed before **est**:

Il **lui** est difficile de faire du ski.

EXERCICES

1

Vous parliez encore **à Félix**?   Oui, je **lui parlais** et c'était agréable.
(agréable)

Vous écriviez encore à Annette?
(amusant)

Vous répondiez encore à la concierge?
(bizarre)

Vous téléphoniez encore à Emmanuelle?
(sympathique)

Vous calmiez encore les enfants?
(difficile)

Vous écoutiez encore Madame Gousse?
(fatigant)

Vous excusiez encore le client?
(normal)

Vous voyiez la neige sous le soleil?
(joli)

Vous racontiez votre vie?
(long)

2

Elle tombait souvent.   C'était **elle** qui **tombait** souvent.

Je faisais du ski.

Nous restions à l'hôtel.

Il lisait Astérix.

Vous buviez du cognac.

Ils partaient tous les matins.

Elles se reposaient au soleil.

3

Vous **avez parlé à Michel** ce matin?   Oui, je **lui ai parlé** il y a une heure.
(une heure)

Vous avez vu les Maxent aujourd'hui?
(dix minutes)

Vous avez écrit à Sylvie cette semaine?
(deux jours)

Vous êtes allé à l'hôtel cette année?
(deux semaines)

Vous avez vendu votre maison?
(trois jours)

Vous avez terminé votre leçon de ski?
(une heure)

4

C'était une rue facile **à éviter**.   Oui, **il** était facile **d'éviter** cette rue.

C'était une tour facile à monter.

C'était une maison facile à construire.

C'était un magasin facile à transformer.

C'était une piste facile à descendre.

C'était un endroit facile à retrouver.

5   Emmanuelle pouvait se **reposer**?   C'était difficile, mais elle se **reposait** quand même.

Agnès et Laurent pouvaient skier? ....

Les enfants pouvaient jouer? ....

Les jeunes gens pouvaient se lever? ....

Les clients pouvaient se servir? ....

Les hommes pouvaient se rencontrer? ....

Les skieurs pouvaient s'endormir? ....

Exercice écrit

Complete these sentences as shown in the example.

Example:

Emmanuelle et Francis se rencontrent, d'ailleurs **ils devaient se rencontrer.**

Ma femme et moi téléphonons à Joseph, d'ailleurs ....

Les Maxent écrivent aux Baudrécourt, d'ailleurs ....

Sylvie invite Jean-François et moi, d'ailleurs ....

Les voisins parlent à la concierge, d'ailleurs...

Les clientes s'adressent à Joseph et Gisèle, d'ailleurs ....

Joseph reçoit les clients dans sa boutique, d'ailleurs...

(Answers on p. 180)

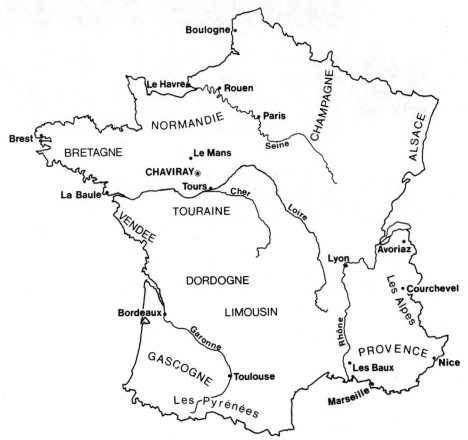

Francis Sautier
Armand, an old friend

Francis has just run into his old school friend Armand for the first time in years. They are celebrating their unexpected reunion at Madame Lacoîntre's quiet little old café round the corner.

Francis	Encore une bière, Armand?
Armand	Je ne voulais pas boire mais j'accepte. Cette fois-ci c'est mon tour! Garçon! Encore deux bières s'il vous plaît.
Francis	J'y pense, tout à l'heure, dans la rue, je n'en croyais pas mes yeux! Nous ne nous sommes pas revus depuis . . .
Armand	Ma foi, j'ai quitté la ville en 37 . . . tu devais partir à Paris . . . Oui, c'est cela, tu partais faire tes études!
Francis	Tu es venu par hasard à Chaviray? Tu pensais me retrouver au même endroit?
Armand	Je devais passer rapidement dans la région mais je voulais absolument revoir notre vieux lycée, le Café de la Place . . . J'ai donc modifié mon voyage pour revoir les vieux quartiers, le bistrot de la Mère Lacoîntre, et mon vieux copain.
Francis	Tu venais chez moi quand je t'ai rencontré?
Armand	Oui, j'allais vers la rue des Galets et je pensais à notre jeunesse. Je me souvenais de nos belles années!
Francis	Nous étions bien gais! Tu plaisantais tout le temps.

Armand	Oh, je n'ai pas tellement changé!
Francis	Non, c'est vrai . . . tu avais quand même plus de cheveux autrefois! Tu étais d'ailleurs très brun, non?
Armand	Ah! J'attendais ça! Au lycée on remarquait mes cheveux bruns – et maintenant on remarque mes cheveux blancs et rares!
Francis	Mais tu es toujours beau, va!
Armand	Allons! Pourquoi n'as-tu jamais écrit? Tu connaissais l'adresse de mes parents . . .
Francis	Je n'aime pas écrire . . . Je n'écrivais pas mais je pensais aux copains.
Armand	Ah! Quand même, tu ne nous oubliais pas!
Francis	Au contraire! Tu sais, l'autre jour je pensais à mon premier amour.
Armand	Ton premier amour?
Francis	Oui, tu la connaissais, je crois. Elle était petite, brune, avec les yeux noirs – et si charmante! Je la vois encore.
Armand	Et comment s'appelait-elle?
Francis	Marie . . . non, Marie, c'était à Paris. Annie. Non, quand même pas . . . Annette. Oui, c'est ça, Annette. Oui, Annette! On s'aimait bien . . .
Armand	Tu connaissais Annette Lenormand? C'était quand?
Francis	Voyons, j'étais en seconde, c'était en 1932.
Armand	Comment! Moi, je . . . enfin, tu es sûr?
Francis	Peut-être que non. Annette? Mais j'étais en *troisième*, donc c'était en 1931.
Armand	Pourquoi ne m'as-tu jamais rien dit de tout cela?
Francis	Comment, pourquoi? On était tous dans la même bande, n'est-ce pas?
Armand	Ça, c'est vrai. Mais je ne savais pas que tu aimais Annette.
Francis	Oh, l'affaire n'a pas duré longtemps!
Armand	Combien de temps?
Francis	Quelques semaines. Puis elle est partie en vacances avec ses parents. Comme moi, d'ailleurs. Et à la rentrée c'était fini entre nous. Puis elle a trouvé un autre garçon.
Armand	C'était qui?
Francis	Ouf! Je ne m'en souviens pas! Elle a dû tomber amoureuse d'un garçon quelconque. Enfin, à seize ans je n'étais pas beau, j'avais des boutons partout!
Armand	Mais nous en avions tous! Plus ou moins. Ah, mais voilà ma femme. Chérie, je te présente Francis – tu ne l'as sûrement pas oublié! Francis – Annette!
Francis	Annette! . . . Nous parlions justement de vous . . .

Tante Eléonore	*Francis meets Léonie in the street. She*
Francis Sautier	*doesn't seem her usual self, and she is*
Tante Léonie	*hurrying towards the rue des Bouteilles,*
L'Assistante	*where Monsieur Tenaille the dentist*
	lives . . .

Francis	Bonjour, Léonie! Comment allez-vous? Mais qu'est-ce qui vous arrive? Que se passe-t-il?

Tante Léonie	Ah! Mon pauvre Francis, j'ai très mal aux dents! Et je vais de ce pas chez le dentiste!
Francis	Quand cela a-t-il commencé?
Tante Léonie	La nuit dernière . . .
Francis	Je ne vous retarde pas, et je vous laisse aller chez le dentiste. Bon courage!

(Chez le dentiste)

Tante Eléonore	Comment! Vous aussi?
Tante Léonie	Eh oui, ma chère! Je souffre terriblement.
Tante Eléonore	Ma pauvre amie . . . depuis quand?
Tante Léonie	Oh, là! là! Depuis hier soir. Et vous, quand cela a-t-il commencé?
Tante Eléonore	Depuis combien de temps? Mon Dieu, je n'en sais rien . . . mais cela est insupportable ce matin!
Tante Léonie	Vous avez obtenu un rendez-vous rapidement! D'habitude il faut attendre une demi-journée pour voir Monsieur Tenaille le dentiste!
Tante Eléonore	Mais je devais absolument le voir! La douleur était insupportable.
Tante Léonie	Moi aussi, je voulais venir le plus tôt possible aujourd'hui . . . mais j'ai dû attendre jusqu'à maintenant!
Tante Eléonore	A quelle heure est votre rendez-vous? Moi, je dois passer à trois heures et quart.
Tante Léonie	Vous avez de la chance ma chère! Moi, je dois attendre jusqu'à trois heures et demie!
Tante Eléonore	Eh bien, dans ce cas, je rentre chez moi tout de suite après, et je vous attends pour une tasse de thé!
Tante Léonie	Oh! Vous êtes trop aimable!
Tante Eléonore	Mais non, voyons.
	(La porte s'ouvre)
Assistante	Madame, c'est votre tour!
Tante Eléonore	Eh bien, j'y vais! A tout à l'heure, chez moi, Léonie!

MOTS ET EXPRESSIONS

l'amour (M)	love affair	gai	gay
la bande	gang	le garçon	boy
le bistrot	bistro	par hasard	by chance
le bouton	pimple	insupportable	intolerable
le copain	friend, buddy		unbearable
la demi-journée	half-day	intolérable	intolerable
la dent	tooth	la jeunesse	youth
le dentiste	dentist	le passé	past
devenir (devenu)	become	quelconque	nondescript
la douleur	pain	retarder	make (someone) late
durer	last	se revoir (revu)	meet up again
Ma foi!	Goodness!	souffrir (souffert)	suffer

je n'en croyais pas mes yeux!	I couldn't believe my eyes!
faire ses études	for one's studies
qu'est-ce qui vous arrive?	what's the matter with you?
avoir mal aux dents	have toothache
j'y vais de ce pas	I'm going there right now

QUELQUES NOTES SUR LA VIE

J'étais en troisième . . .

Whereas in Britain, school classes are numbered from the youngest upwards, the French system starts at the top of the school and works its way down. Thus at the age of 11, a pupil begins secondary education in **la classe de sixième**, and works his way up. After the first cycle of secondary education, which covers **sixième** to **troisième**, it is possible to leave school. Those who do not leave then continue through **seconde** and **première** (the average age **en première** is 17) and thence to the topmost class, **la classe terminale**; at this stage pupils sit the **baccalauréat**, which gives access to higher education and marks the successful end of secondary education.

NB. As the entire French educational system is currently undergoing radical reform, it is impossible to give precise, up-to-date information.

QUELQUES NOTES SUR LA LANGUE

Questions

The interrogatives presented in lesson 1 correspond to the possible answers *yes* and *no*. To phrase more specific questions, use a range of interrogatives including:

qui	who
quand	when
pourquoi	why
comment	how
combien	how many/how much
où	where

These are normally placed at the beginning of questions formed using **est-ce que** or inversion.

e.g.

Est-ce que vous allez au café?	Oui/Non
Allez-vous au café?	Oui/Non
Quand est-ce que vous allez au café?	A midi
Pourquoi allez-vous au café?	J'y rencontre des amis
Comment est-ce que vous allez au café?	Je prends l'autobus
Combien est-ce que ça coûte?	Deux francs
Où allez-vous?	Au café

It is also possible to fit one of these interrogatives into a normal sentence:

Vous allez **où**?	Au café
Vous allez au café **quand**?	A midi
Je vous dois **combien**?	2 francs

Numbers

80:	quatre-vingt**s**	
81:	quatre-vingt-et-un	
82:	quatre-vingt-deux	
90:	quatre-vingt-dix	
91:	quatre-vingt-onze	
92:	quatre-vingt-douze	
100:	cent	
101:	cent un	
200:	deux cent**s**	
201:	deux cent un	
1,000:	mille	
1,001:	mille un	
2,000:	deux mille	

vingt and **cent**, in compounds (**quatre-vingts**, **deux cents**) take a plural **s** when they are the last element of the number. When another number (ten or unit) follows, **vingt** or **cent** is the form invariably used. **mille** is invariable.

For a fuller list see page 176.

Years

The preposition used is **en** : en **1911**, en **1403**, en **1968**, etc.

Years may be expressed as numbers, as if they were written, e.g. 1,911 — mil neuf cent onze.

However, the most current way, similar to the English form, is to state the year in terms of hundreds, then the rest.

e.g. 1911 — dix-neuf cent onze
1968 — dix-neuf cent soixante-huit

Je ne voulais pas boire, mais j'accepte . . .

The perfect tense is formed with the auxiliary verbs **avoir** and **être** with the *past participle*.

Another range of verbs can be used with the *infinitive*, to express ideas such as *will*, *can*, *must*.

The simplest example of this type is the impersonal **il faut**: **il faut partir**.

The most frequent verbs of this type are: *vouloir* — (*voulu*)
pouvoir — (*pu*)
devoir — (*dû*)
savoir — (*su*)
penser — (*pensé*)
aimer — (*aimé*)

e.g. Je $\begin{cases} \text{veux} \\ \text{voudrais voyager.} \end{cases}$ Vous devez travailler.
Il doit sortir.   Ils savent chanter.
Elle pouvait partir.   Elles pensent revenir.
    On aime s'amuser.

These verbs can be used in any tense and person. When they are in the negative, **ne** precedes the first part of the verb and **pas** precedes the infinitive:

Je **ne** veux **pas** voyager, etc.

Object Pronouns

When an object pronoun is used, it is placed immediately before the infinitive:

Il doit voir le dentiste — il doit **le** voir.
Elle n'a pas pu chanter la chanson — elle n'a pas pu **la** chanter.

le can also replace the infinitive and all that goes with it.

e.g. Il voulait sortir — il **le** voulait.
Vous vouliez voir le spectacle — vous **le** vouliez.

Y and En

y and **en** precede the infinitive:

e.g. Je voudrais aller à Paris — Je voudrais **y** aller.
Elle peut acheter du vin — Elle peut **en** acheter.

Aller — Venir

Strictly speaking these are not quite the same type of verb; nevertheless, they behave in the same way, as they can be followed by infinitives.

e.g. *Allons voir!* Let's go and see!
Venez voir! Come and see!

EXERCICES (Answers on p. 180)

1 **Ce sac** était facile **à porter**. En effet, il n'était pas difficile **de** porter ce sac.

Ces chaussures étaient faciles à mettre. ....
Ces amis étaient faciles à trouver. ....
Ces enfants étaient faciles à amuser. ....
Ce livre était facile à lire. ....

2 Vous voulez **inviter la concierge**? Je voulais **l'inviter** mais je ne peux pas.

Vous voulez aller à Chaviray? ....
Vous voulez partir aujourd'hui? ....
Vous voulez faire du ski? ....
Vous voulez téléphoner à vos amis? ....
Vous voulez voir vos vieux copains? ....

3 Supply the questions to each of the following answers:

J'ai vu Pierre **dans la rue des Galets**. **Où** est-ce que vous avez vu Pierre?
Je suis arrivé **il y a dix minutes**. ....
J'ai payé **dix francs**. ....
Il a téléphoné **ce matin**. ....
Je suis venu **en voiture**. ....
Je vais **très bien** merci. ....
J'ai acheté les fruits **au supermarché**. ....

4

Armand	le petit Pierre	Mme Gousse	Phélise	Alfred
1918	1970	1903	1952	1885

Armand? Il est né en **dix-neuf cent dix-huit**.

Et le petit Pierre? ....

Et Madame Gousse? ....

Et Phélise? ....

Et Alfred? ....

5   **Le moniteur donne** des leçons de ski.   C'est **le moniteur** qui **donne** des leçons de ski.

Yvette est tombée dans la neige. ....

Raymond l'a vue. ....

Vous l'avez aidée. ....

Armand attend à la terrasse. ....

Tante Léonie va chez le dentiste. ....

Exercices écrits (Answers on p. 180)

1   Convert these numbers into figures:

cent dix-neuf

quatre cent quatre-vingt-dix-sept

neuf cent trois

deux mille sept cent cinquante-huit

huit cent soixante-seize

Now add them up and give the total *in words*:

2

mille trois cents

sept cent quarante-et-un

quatre-vingt-dix-neuf

trois cent soixante-et-onze

mille quatre cent quatre-vingt-neuf

3

vingt-deux mille

quatre mille huit cent soixante-cinq

quatre-vingt-onze

mille cent seize

trois mille quarante-et-un

 Emmanuelle Baudrécourt
Denise Guilbot

The Baudrécourts' flat, after the
Christmas holidays.

Emmanuelle	Ouf! La première journée s'est bien passée! J'ai pris des forces à la montagne et je suis pleine de courage!
Denise	Vous avez de la chance! Nous, après le réveillon, il nous a fallu ranger, nettoyer et ramener le calme dans la famille.
Emmanuelle	Que s'est-il passé?
Denise	Eh bien, voilà ce qui est arrivé; le soir du réveillon, à la maison, ma tante Léonie a fait un scandale. Impossible de l'arrêter! Et ça a été pire quand elle a découvert que la tante Eléonore . . .
Emmanuelle	Eléonore?
Denise	Oui, c'est la tante d'André. Eh bien, quand ma tante Léonie a découvert que la tante Eléonore était la grande amie de Madame Sani . . .
Emmanuelle	Madame Sani?
Denise	Oui, nous parlions de cette affaire juste avant Noël. Vous vous souvenez, Madame Sani. Elle a été accusée pour le vol du linge, 4 rue du Lavoir.

Emmanuelle	Oui, c'est vrai, mais quel rapport ?
Denise	Eh bien ! Ma tante Léonie est persuadée de la culpabilité de Madame Sani. Elle n'aimait pas du tout Madame Sani, même avant l'affaire, c'est vrai. Elle ne l'a jamais aimée ! La tante Eléonore, elle, défend son amie, elle prouve son innocence, essaie de convaincre tante Léonie, mais sans résultat. C'est le drame !
Emmanuelle	Un vrai tribunal, alors . . . mais quelle histoire !
Denise	Nous en avons ri au début ! Puis le grand-père s'est mis à chanter à tue-tête ! Il a inventé des scandales sur chacune des tantes.
Emmanuelle	(*Rit*) Ohh !
Denise	Tout le monde était gai. Tout le monde buvait . . . on riait et puis tout d'un coup l'ambiance est tombée et chacun s'est regardé sans pitié.
Emmanuelle	Vraiment ?
Denise	Ça a été la grande rupture ! Une nouvelle affaire Dreyfus ! Les Pour d'un côté, les Contre de l'autre ! On a bien regretté cette réunion !
Emmanuelle	Et maintenant ?
Denise	Je suis allée voir la famille. Ils ont oublié l'incident . . . disent-ils ! Certains en rient franchement ! Sauf les deux tantes . . .
Emmanuelle	Bah ! Elles ne vont pas se voir pendant quelques jours c'est tout ! Ça leur donne un sujet de conversation. Et Madame Sani ?
Denise	Elle est rentrée chez elle lavée de tout soupçon . . . le linge se trouvait tout simplement sous l'escalier. Des enfants jouaient, et ils l'y ont caché.
Emmanuelle	Voilà, tout est bien qui finit bien !

Madame Sani *Tante Léonie* *Le Vendeur*	*January sales at the department store, La Glaneuse. The fabrics department is swarming with housewives grabbing bargains and making a tremendous noise, so it is perhaps as well that the elderly salesman is rather deaf . . .*

Madame Sani	Pardon, Madame, je voulais justement ce tissu !
Tante Léonie	Mais je l'avais dans les mains avant vous, chère Madame. J'en veux deux mètres cinquante . . . il me faut ces deux morceaux !
Madame Sani	Et moi, j'ai besoin de cinq mètres quarante pour mon sofa ! Ma sœur m'en a laissé deux mètres quarante mais il me faut trois autres mètres ! Et je les veux !
Tante Léonie	Mais ma chère, ne vous gênez pas ! Prenez vos deux morceaux. Prenez tout . . . et le reste ! Cinq mètres ! . . . Dix mètres ! Ça alors ! Dites, Monsieur . . .
Vendeur	(*à Madame Sani*) Trois mètres de celui-ci, Madame . . . ? Très bien !
Madame Sani	Oui, toute la pièce . . . s'il vous plaît !
Vendeur	Il y en a quatre mètres quinze, vous prenez le tout ? A ce prix-là, c'est intéressant . . .
Madame Sani	(*Vite*) Mais oui, Monsieur, bien sûr, je prends les quatre mètres quinze !

Vendeur	Ça vous fait donc . . . à 4,50F le mètre . . . c'est donné, n'est-ce pas ? Il valait 15,00F le mètre il y a deux jours. Un vrai cadeau. Ça vous fait donc . . . je disais quatre mètres à quatre francs cinquante . . . je ne vous compte pas les quinze centimètres . . . alors disons quatre fois quatre seize, plus deux, dix-huit francs, Madame.
Tante Léonie	On non ! Ça, c'est trop fort ! Mais j'étais la première, Monsieur ! Cette dame est arrivée après moi !
Vendeur	(*à Tante Léonie*) Tout de suite, chère Madame ! Je vous sers . . . (*à Madame Sani*) Voilà votre paquet, Madame. Dix-huit francs. Vous me donnez vingt francs — voilà donc un, deux francs qui font vingt. Je vous remercie !

MOTS ET EXPRESSIONS

l'ambiance (F)	atmosphere, party spirit	ramener	bring back
convaincre (convaincu)	convince	ranger	tidy
		le résultat	result
la culpabilité	guilt	la rupture	break, split
défendre (défendu)	defend	les soldes (M)	sales
l'incident (M)	incident	se gêner	be embarrassed, hold back
inventer	invent	le sujet de conversation	topic for conversation
nettoyer	clean		
persuader	convince, persuade	le tissu	cloth
la pièce (de tissu)	piece (of cloth)	à tue-tête	at the top of one's voice
la pitié	pity		
prouver	prove	valoir (valu)	be worth

prendre des forces	build up (one's) strength
quel rapport ?	what's the connection ?
l'ambiance est tombée	the party spirit evaporated
ça leur donne un sujet de conversation !	that'll give them something to talk about !
lavé(e) de tout soupçon	cleared of all suspicion
tout est bien qui finit bien	all's well that ends well
c'est donné	it's a gift
ça, c'est trop fort !	that really is *too* much !

QUELQUES NOTES SUR LA VIE

Les Soldes

After the Christmas rush, most shops organise special cut-price sales — **les soldes**, in which articles are **soldés** or offered at sale prices — **en solde**. Sometimes there is a theme behind the sale, e.g. **Soldes de Blanc** for household linen regardless of its colour or, for example, winter sports clothing once the season is well under way and shelf space is needed for the new season's stock.

In general   LES ARTICLES SOLDÉS
NE SONT NI REPRIS NI ÉCHANGÉS

Une nouvelle affaire Dreyfus . . .

At the turn of the century, Captain Alfred Dreyfus (1859–1935), who had been accused and condemned of treason for leaking minor pieces of information in complicated, ambiguous circumstances, was the centre of a running controversy over his case. The entire country was divided into opposing camps – **les Pour et les Contre** – in an apparently endless conflict which reflected the underlying antagonism between Radical Republican thought on the one hand, and Conservatism and the Church on the other, further complicated by the fact that Dreyfus was Jewish, and Anti-Semitism tended to go hand in hand with conservative, nationalist sentiments.

In 1898 Emile Zola published an open letter, *'J'accuse!'* in support of Dreyfus, but it was not until 1906, after 12 years of court appearances and appeals, imprisonment of Devil's Island, the death of Zola (in suspicious circumstances) and the suicide of several men connected with the original charge, that Captain Dreyfus was cleared of the accusation and rehabilitated to his rank in the army and invested with the *Légion d'Honneur*.

NB. Further reading: Roderick Kedward: *The Dreyfus Affair* (Longmans, 1965)

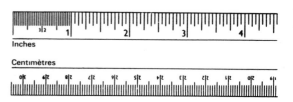

Le système métrique

The standard unit of measurement for lengths is the *metre* (**le mètre**), equivalent to 39·37 inches. It is divided and multiplied in units of ten, the most usual being the centimetre and the millimetre (1/100 and 1/1000 of a metre) for smaller units, and the kilometre (1,000 metres) for larger units. Road distances are always given in kilometres (1 kilometre = approximately $\frac{5}{8}$ of a mile).

QUELQUES NOTES SUR LA LANGUE

Que

que (qu') corresponds to English *that* after verbs like **dire, penser, croire.**

e.g. Il va venir. Je le crois.   Je crois **qu'**il va venir.
Il allait venir. Je l'ai cru.   J'ai cru **qu'**il allait venir.

Usually, if the first verb (*dire*, *croire* etc.) is in a past tense, so is the second verb.

e.g. Je crois qu'il est là.
Je **croyais** qu'il **était** là.
J'**ai cru** qu'il **était** là.

NB. 'That' is often omitted in English (I thought you were coming) but it must *never* be omitted in French.

Quand

Quand, which corresponds to *when*, links two events which happen at the same time.

It can link two long-term situations:
Quand Emmanuelle était au lycée à Paris, Michel faisait ses études à Grenoble.

or two isolated actions:
Quand Léonie est arrivée, Eléonore est partie.

or one of each:
Quand André est rentré, Denise lisait.

The clause beginning with **quand** can come before or after the other one:
Quand Francis part en vacances, il prend sa voiture.
Francis prend sa voiture quand il part en vacances.

EXERCICES

1   Le réveillon de Denise

Tante Léonie croyait que . . .
Eléonore n'**est** pas sérieuse.   Elle croyait qu'Eléonore n'**était** pas sérieuse.

Le grand-père est sympathique.   ....
Madame Sani est bizarre.   ....
Elle a raison.   ....
C'est évident.   ....

Tante Eléonore a dit que . . .
C'**est** un scandale.   Elle a dit que c'**était** un scandale.
Léonie parle trop.   ....
Madame Sani est innocente.   ....
Le grand-père est sans pitié.   ....

Le grand-père était persuadé que . . .
Il **chante** bien.   Il était persuadé qu'il **chantait** bien.
Ses chansons sont amusantes.   ....
C'est une plaisanterie.   ....
Tout le monde aime ses chansons.   ....
Tout va bien se terminer.   ....

2   Madame Sani **parlait** toujours.   Mais devant les voisins elle **n'a pas parlé** !
          Le grand-père chantait toujours.   ....
               Les enfants jouaient toujours.   ....
      Lucienne et Sophie riaient toujours.   ....
 Madame Gousse se plaignait toujours.   ....
               Rémy s'endormait toujours.   ....

3   You be the salesman and tell the price — the total price.

      Je voudrais un chapeau et une paire de chaussures.
          Alors, ça fait **huit** francs.

      Je voudrais un maillot de bain et un chapeau.
      ....

      Je voudrais un maillot de bain et une paire de chaussures.
      ....

      Je voudrais un tapis et une jupe.
      ....

      Je voudrais un tapis et une paire de chaussures.
      ....

      Je voudrais un tapis et un maillot de bain.
      ....

      Je voudrais une robe et un tapis.
      ....

4

Combien coûtait la cravate? Elle coûtait **vingt-cinq** francs.
Combien l'avez-vous payée? Je l'ai payée **10** francs.

Combien coûtaient les disques? ....
Combien les avez-vous payés? ....

Combien coûtait le chapeau? ....
Combien l'avez-vous payé? ....

Combien coûtait le parapluie? ....
Combien l'avez-vous payé? ....

Combien coûtait le manteau? ....
Combien l'avez-vous payé? ....

Combien coûtaient les fourchettes? ....
Combien les avez-vous payées? ....

Faites l'addition: Madame Sani a dépensé 137,00F.

Et combien est-ce qu'elle a économisé??? ....

Exercice écrit

Cette année je n'ai pas acheté beaucoup de vêtements, d'ailleurs je n'ai pas découvert de soldes intéressants. J'ai beaucoup travaillé, je n'ai pas rencontré d'amis, je n'ai pas pris de vacances, je n'ai pas lu de livres amusants. La vie n'a pas été très agréable!

Autrefois things were different. To find out, put the statements into the negative and vice versa, and put all the verbs into the imperfect.

Autrefois ....

(Answers on pages 180–1)

CERFA n° 30 0713

| Département | |
| Commune | |

2042

DÉCLARATION

DES REVENUS DE **1972**

VOTRE IDENTITÉ

Nom et Prénoms ▶ *(Rayez les mentions inutiles)* M. Mme Mlle — Nom *(en capitales)* — Prénoms *(soulignez le prénom usuel)*

Date et lieu de naissance ▶ Jour — Mois — Année — Département — Commune

Profession ▶ — Numéro de Sécurité Sociale

Votre conjoint ▶ Nom — Prénom — Lieu de naissance — Date de naissance Jour Mois Année

Adresse au 1ᵉʳ JANVIER 1973 ▶ Commune — Code Postal — Téléphone
N° — Rue — Bâtiment — Escalier — Étage

En cas de changement d'adresse en 1972 ▶ Adresse au 1ᵉʳ janvier 1972 { Commune — Département
N° — Rue — Bâtiment — Escalier — Étage

Pour les étrangers ▶ Nationalité — N° de la carte de séjour

VOTRE SITUATION DE FAMILLE : vous êtes

Réservé à l'administration

(Rayez les mentions inutiles)	Célibataire ▶		Inscrivez la lettre **C, M, D ou V** correspondant à votre situation	
	Marié ▶ date et lieu du mariage			
	Divorcé (e) ▶ date et lieu du divorce			
	Veuf, Veuve ▶ date et lieu du décès du conjoint			

INDIQUEZ *(en mettant, le cas échéant, une croix dans les cases correspondant à votre situation)* :

Marié	Si votre conjoint est titulaire de la carte d'invalidité prévue par le Code de la Famille et de l'Aide Sociale ou d'une pension d'invalidité (guerre ou accident du travail seulement) d'au moins 40 % (numéro de la carte d'invalidité : ____)	**A**
	Si votre conjoint était âgé de plus de **65 ans** au 31 décembre 1972	**B**
Célibataire, VEUF, VEUVE ou divorcé(e)	Si un ou plusieurs de vos enfants sont **majeurs** ou font l'objet d'une imposition distincte (déclaration séparée)	**E**
	Si un ou plusieurs de vos enfants adoptifs sont ou ont été à votre charge depuis l'âge de 10 ans	
	Si un de vos enfants est décédé après 16 ans ou par suite de faits de guerre	
	Si vous bénéficiez d'une pension de veuve (lois des 31 mars et 24 juin 1919) ou d'une pension civile exceptionnelle	
Veuf(ve)	Si vous avez des personnes à charge, dont aucune n'est issue du mariage avec le conjoint décédé	**N**
Quelle que soit votre situation de famille	Si vous êtes titulaire de la carte d'invalidité prévue par le Code de la Famille et de l'Aide Sociale (numéro de la carte : ____).	**P**
	Si vous bénéficiez d'une pension d'invalidité (guerre ou accident du travail seulement) dont le taux est égal ou supérieur à 40 %	
	Si vous étiez âgé de plus de **65 ans** au 31 décembre 1972	**S**

| Vos enfants à charge | Nom et prénoms — Date et lieu de naissance | Total des enfants et autres personnes à charge : |
| Les autres personnes à votre charge | ne remplir ce cadre que dans les cas visés dans la notice | Nombre d'enfants et de personnes à charge **infirmes** titulaires de la carte d'invalidité, compris dans le total ci-dessus : |

LES ÉLÉMENTS DE VOTRE TRAIN DE VIE : précisez *(en portant, le cas échéant, une croix dans la case appropriée)*

Pour votre habitation principale Si vous êtes propriétaire ☐, ou occupant à titre gratuit ☐
Si vous êtes locataire, le montant du loyer ____

Pour votre ou vos résidences secondaires Si vous êtes propriétaire ☐, ou occupant à titre gratuit ☐
Si vous êtes locataire, le montant du ou des loyers ____

Le nombre de vos
1 - domestiques ____
2 - résidences secondaires ____
3 - chevaux de course ____
4 - yachts et bateaux de plaisance ☐
5 - avions de tourisme ☐
6 - droits de chasse en location ☐
7 - automobiles ____ { âge ____ / puissance fiscale ____

Portez ci-contre le total des cases 1 à 7 ____

98

14 Michel Baudrécourt
Emmanuelle Baudrécourt

The Baudrécourts are just finishing
dinner: Emmanuelle decides it's time
to get down to brass tacks.

Michel	Hmm! Délicieuse, la tarte de Denise! Elle l'a faite cet après-midi?
Emmanuelle	Oui, sans doute . . .
Michel	Chérie, tu me sembles préoccupée.
Emmanuelle	Non . . . Je rêvais, ou plutôt je pensais à cette déclaration d'impôts que nous devons faire aujourd'hui!
Michel	Quelle barbe! Encore une soirée qui va être perdue! Moi, qui pensais terminer mes mots croisés!
Emmanuelle	Et moi qui avais tant de travail ce soir! Bref! Inutile d'y penser, nous sommes des Français imposables, il faut payer!
Michel	Une tasse de café pour nous donner du courage?
Emmanuelle	D'accord, chéri — merci! As-tu mis les formulaires de côté?
Michel	Oui, ils sont dans le tiroir de la petite commode.
Emmanuelle	Ça y est, je les ai trouvés. Je prends aussi les doubles des déclarations de l'an dernier qui étaient tout à côté.
Michel	Nous y voilà. Dans la première colonne tu écris le montant de tes revenus.
Emmanuelle	Dans cette colonne qui est au milieu?
Michel	Pas exactement, mais enfin, celle qui est assez large! Tu as tes bulletins de salaire?
Emmanuelle	Oui, heureusement, je les ai gardés tous.
Michel	Alors tu calcules ton revenu annuel, qui est la somme de tes salaires mensuels . . .
Emmanuelle	. . . que je trouve sur les bulletins . . . oui.
Michel	Puis tu fais l'addition des assurances et tout cela . . .
Emmanuelle	. . . toutes les choses qui ne sont pas imposables, et que j'enlève du salaire, n'est-ce pas?
Michel	Mais chérie, tu fais des progrès!
Emmanuelle	(*Rit*) Allons, Michel . . . aide-moi plutôt. Il y a quelque chose qui ne marche pas! Même quand j'ai enlevé l'assurance, je dois payer le quart de mon salaire!
Michel	Mais c'est absolument impossible! Attends, montre-moi . . .
Emmanuelle	Si au moins un comptable faisait ce travail pour nous chaque mois . . . ces déclarations nous prennent tellement de temps.
Michel	Une somme importante qu'il faut verser tous les mois? Ce n'est pas non plus une solution.
Emmanuelle	C'est vrai, tu as raison! Mais je n'aime pas compter, recompter, même une fois par an — si au moins on m'enlevait mes impôts directement . . .
Michel	Bah! Il faut de toute façon perdre de l'argent! Il me semble que l'an dernier est proche encore! Novembre n'est pas si loin, en effet!
Emmanuelle	Et déjà Monsieur le Percepteur nous demande son tiers provisionnel!

Madame Gousse	*Madame Gousse's minute flat. She has just*
Madame Trépas	*answered the door to Madame Trépas. They both have heavy colds . . .*

Madame Trépas Bonjour, chère Madame Gousse!

Madame Gousse Mais vous êtes aussi enrhumée que moi, Madame Trépas!

Madame Trépas Oh, comme tout le monde dans le quartier. C'est une vraie épidémie! Mais je suis quand même moins malade que les voisins.

Madame Gousse C'est comme ici. Vous savez, Madame Daplond, qui a fait un scandale pour son linge . . .

Madame Trépas Ah oui, vous m'avez raconté cette histoire l'autre soir.

Madame Gousse Eh bien, Madame Daplond, elle a la grippe elle aussi. Elle n'a jamais été aussi malade! Elle a 39° tous les soirs à six heures!

Madame Trépas Dites donc, c'est sérieux! C'est plus qu'une grippe ordinaire, certainement!

Madame Gousse C'est comme la fille de Madame Brède! Je croyais qu'elle allait mieux, mais maintenant elle n'a plus de forces! Elle va rester à l'hôpital quelques jours.

Madame Trépas Elle est à l'hôpital? Alors, c'est de plus en plus sérieux! De toute façon c'est bien pire que la grippe de l'an dernier!

Madame Gousse Eh oui! On ne prend jamais assez de précautions contre les épidémies!

Madame Trépas Oh, vous savez, les précautions, je n'y crois pas! C'est une question de chance: la grippe, on l'a ou on ne l'a pas!

Madame Gousse Je crois que je deviens aussi enrhumée que les autres! J'éternue de plus en plus! C'est très désagréable!

Madame Trépas Oh, ma pauvre Madame Gousse! Rassurez-vous, personne n'est mort de cette grippe!

Madame Gousse Qui sait? Attendons à demain!

MOTS ET EXPRESSIONS

annuel (lle)	annual	imposable	taxable
les assurances (F)	insurance	mensuel (lle)	monthly
le bulletin de salaire	pay slip	le montant	sum total
la colonne	column	les mots croisés (M)	crossword
la commode	chest of drawers	mourir (être mort)	die
un comptable	accountant	la précaution	precaution
la déclaration d'impôts	tax declaration	protéger	protect
		le revenu	income
le double	copy	la tarte	tart
éternuer	sneeze	le tiers provisionnel	provisional tax payment
le formulaire	form		
la grippe	influenza	verser	pay

quelle barbe!	what a bore!
tu fais des progrès!	you're making progress! you're coming on!
on l'a ou on ne l'a pas.	you either get it or you don't.

QUELQUES NOTES SUR LA VIE

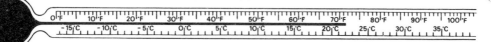

Les températures

France uses the Centigrade scale of temperatures (**le système centésimal**), which postdates the Fahrenheit scale. Whereas Fahrenheit freezing and boiling points are 32° and 212°, the corresponding Centigrade figures are 0° and 100°. Normal blood temperature (98.4° in Fahrenheit) is 37° Centigrade — so Madame Daplomb's 39° is a high fever.

Les impôts

Direct income tax was introduced in France in 1917: previously all taxation had been based on ownership of property. Income tax is only one of the State's main sources of taxation revenue: others include indirect taxes, customs duties, registration fees, and so on. Indirect taxes represent a larger proportion of the private citizen's expenditure than in Britain, so the proportion of direct taxation of earnings is correspondingly smaller — generally speaking, about 10% of earned income.

When it comes to paying the actual income tax, the situation is very different from that in Britain. P.A.Y.E. is unknown in France; each year, the tax-payer receives a form showing his gross earnings for the year and a demand for an interim payment of one third of tax due — **le tiers provisionnel**. The tax return is filled in to show all allowable deductions from the year's earnings — social security contributions, insurance and so on — and sent back to the tax office, which then adjusts the original demand to take these deductions into account, and in due course sends a bill for the balance required to make up the difference between **le tiers provisionnel** and the revised total assessment.

QUELQUES NOTES SUR LA LANGUE

Qui — que

qui and **que** link two parts of a sentence when the second part provides more information about a *noun* in the first part. **Qui** corresponds to the subject and **que** to the object.

e.g. Voilà le garçon; il me connaît. (= le garçon me connaît);
le garçon is the subject of **connaît**, so **qui** is used:

Voilà le garçon **qui** me connaît.

Voilà le garçon; je le connais. (= je connais le garçon);
le garçon is the object of **connais**, so **que** is used:

Voilà le garçon **que** je connais.

Plus/moins/aussi . . . que

To compare two people or things, one uses the adverbs **plus**, **moins** or **aussi** combined with the appropriate adjective, which is followed by **que**.

e.g. Madame Gousse a 66 ans. Madame Trépas a 68 ans.
Madame Gousse est **plus jeune que** Madame Trépas.
Madame Trépas est **moins jeune que** Madame Gousse.

Lucienne a 17 ans; Jean-François a 17 ans lui aussi.
Lucienne est **aussi jeune que** Jean-François.
Jean-François est **aussi jeune que** Lucienne.

The same system is used to compare adverbs.

e.g. André lit vite; Denise lit très vite.
André lit **moins vite que** Denise.
Denise lit **plus vite qu'**André.

NB. Note the use of **le**, **la** and **les** in the following examples:

Madame Gousse est plus jeune que Madame Trépas:
Madame Gousse est **la plus jeune**.

Les Baudrécourt sont plus riches que les Guilbot;
les Baudrécourt sont **les plus riches**.

Denise lit plus vite qu'André;
Denise lit **le plus vite**.

(When **le plus** precedes an adverb, it is invariable: it stays **le**).

'Wider still and wider'

To convey the idea of 'bigger and bigger' and so on, use **de plus en plus** or **de moins en moins** followed by the adjective or the adverb.

e.g. Chaque année Rémy devient plus grand:
Rémy devient **de plus en plus grand**.

Chaque année Denise est moins fatiguée:
Denise est **de moins en moins fatiguée**.

Chaque année Madame Sani sort moins:
Madame Sani sort **de moins en moins**.

Le tiers provisionnel

$\frac{1}{2}$ — la moitié $\frac{1}{3}$ — le tiers $\frac{1}{4}$ — le quart

For other fractions, see Lesson 20, p. 137.

EXERCICES

1   Monsieur Lemieux vendait les légumes?   Oui, c'était Monsieur Lemieux qui vendait les légumes.

Joseph choisissait les fruits? ....

Michel remplissait les formulaires? ....

Lucienne faisait du théâtre? ....

Jean-François buvait du chocolat? ....

Sylvie allait au cinéma? ....

Félix servait les clients? ....

2

Je rencontre **cet homme.** C'est **l'homme que** je rencontre.

J'appelle ce garçon. ....

Je paie cette bouteille. ....

Je bois ce vin. ....

Je fréquente ce cinéma. ....

Je demande ce prix. ....

Je veux cette voiture. ....

3

L'huile ordinaire est **plus chère que** l'huile d'olive.
Au contraire, **c'est** l'huile d'olive **qui est la plus chère.**

Les soldes sont plus intéressants en été qu'en janvier.

....

Les légumes sont plus chers au supermarché que chez les Servant.

....

Le vin est plus cher en France qu'en Grande-Bretagne.

....

Le temps est plus agréable à Londres qu'à Nice.

....

La température est plus douce en montagne qu'à la mer.

....

4

La femme que je vois dans le magasin **est bien Gisèle**
Oui, **c'est bien Gisèle** que vous voyez dans le magasin.

La jeune fille qui parle à la concierge est bien Lucienne?

....

Les jeunes gens qui font tant de bruit sont bien des étudiants?

....

Les gens qui entrent dans le magasin sont bien des clients?

....

Les voisins qui font de la musique sont bien des artistes?

....

Les enfants qui traversent la rue sont bien les petits Daplomb?

....

Le jeune homme qu'elle aime est bien un garçon sympathique?

....

Exercices écrits

1   Some data on Madame Gousse and Madame Trépas. Compare them using **plus . . . que, moins . . . que** or **aussi . . . que** as appropriate.

Example

BAVARD

Madame Gousse est **moins bavarde que** Madame Trépas.
Madame Trépas est **plus bavarde que** Madame Gousse.

GROS

....
....

AIMABLE

....
....

GAI

....
....

BIZARRE

....
....

ELEGANT

....
....

2   Fill in the blanks with **qui, que** or **qu'**, as appropriate

C'est là, dans cette maison .... Denise et André habitaient! L'appartement .... ils avaient alors était très petit mais leur jardin .... donnait sur
la rivière, était une merveille. L'appartement .... ils ont maintenant est plus
grand, bien sûr, et plus confortable. Il se trouve dans un quartier .... est
récent et tout à fait moderne. Il leur manque, quand même, ce petit jardin ....
était la joie de Rémy — et ils n'ont plus ce calme .... est si nécessaire de
nos jours!

(Answers on p. 181)

15

Emmanuelle Baudrécourt
Mademoiselle Chose

The Baudrécourts' flat, one morning. Michel has just left for work and Emmanuelle is doing one or two little jobs before she goes off to the Lycée. Then the doorbell rings persistently. Emmanuelle goes to the door and finds an unknown female festooned with bags, umbrellas, raincoats, a portable tape-recorder and a fixed smile . . .

Emmanuelle	Madame!
Mlle Chose	Je vous prie de m'excuser, chère Madame . . . Je fais une enquête dans votre quartier . . . Est-ce que je peux vous poser quelques questions?
Emmanuelle	Mmm . . . Eh bien, je dois aller au lycée à dix heures, mais si vous voulez bien entrer quelques minutes . . .
Mlle Chose	Oh, merci, chère Madame. Je ne vais pas vous ennuyer longtemps . . . Laissez-moi trouver mon questionnaire . . . Zut! Je ne le trouve pas . . . Ah! mais où est-il?
Emmanuelle	Vous travaillez pour qui exactement?
Mlle Chose	Pour une lessive, chère Madame.
Emmanuelle	Mais quelle lessive?
Mlle Chose	Euh . . . Voilà mon questionnaire . . . dix petites questions très rapides . . . si vous permettez.
Emmanuelle	Faites donc, faites donc.

Mlle Chose	Madame, vous habitez Chaviray?
Emmanuelle	Mais oui, bien sûr!
Mlle Chose	Très bien! Vous avez moins de trente ans . . .
Emmanuelle	Vous en doutez?
Mlle Chose	Hum . . . hum . . . mais pas du tout, Madame! Voyons, vous avez des enfants?
Emmanuelle	Pas encore!
Mlle Chose	Bon, il y a donc à la maison votre . . . .
Emmanuelle	Mon mari et moi, c'est cela!
Mlle Chose	Vous avez une machine à laver?
Emmanuelle	Oui.
Mlle Chose	Je peux vous en demander la marque?
Emmanuelle	Mais certainement . . . C'est Oméga, fabriqué par Cuisinor.
Mlle Chose	Ah! Pourquoi cette marque?
Emmanuelle	C'est tout simple . . . Cuisinor l'a donnée à mon mari!
Mlle Chose	Dites donc! Oh! C'était un concours?
Emmanuelle	Pas du tout! Mon mari est ingénieur chez Cuisinor!
Mlle Chose	Donc, vous achetez de la lessive.
Emmanuelle	Mais oui, comme tout le monde.
Mlle Chose	Quelle est la marque que vous préférez?
Emmanuelle	Oh! je n'en ai pas!
Mlle Chose	Qu'avez-vous en ce moment chez vous?
Emmanuelle	A propos, il ne m'en reste plus . . .
Mlle Chose	Ah! vous allez en acheter bientôt! Qu'est-ce que vous allez choisir?
Emmanuelle	Je n'en ai aucune idée . . . Voyons, je n'aime pas 'Deul' et 'Sansef'.
Mlle Chose	Ah, pourquoi?
Emmanuelle	Oh, ma foi! je ne sais pas!
Mlle Chose	Mais les autres lessives? . . . par exemple, vous avez essayé 'Chlac', 'Miracle', 'Max', 'Toc'? . . .
Emmanuelle	Certainement, mais je ne m'en souviens pas.
Mlle Chose	Quel dommage! Alors vous êtes une cliente indifférente, vous achetez n'importe quoi!
Emmanuelle	C'est très aimable! Non, c'est tout simple: je ne perds pas de temps à choisir des produits qui sont absolument identiques.
Mlle Chose	Oh! C'est une erreur, chère Madame, vous vous trompez! Qu'y a-t-il de commun entre Chlac en bidon et Toc en carton?
Emmanuelle	La lessive!
Mlle Chose	Mmm . . . bon, la question suivante: vous achetez combien de lessive par mois?
Emmanuelle	Oh! Ce n'est pas moi qui fais les courses la plupart du temps . . . mais je dois utiliser trois à quatre paquets par mois.
Mlle Chose	Quelle est pour vous la lessive idéale?
Emmanuelle	Un produit efficace . . . et moins cher!
Mlle Chose	Merci beaucoup chère Madame . . . Mille excuses encore une fois. Voici un bon de réduction pour la lessive 'Blanpré' aux enzymes . . . Au revoir Madame . . .
Emmanuelle	Mademoiselle! Vous oubliez votre magnétophone!
Mlle Chose	Oh pardon! Je n'ai pas encore l'habitude!
Emmanuelle	Mais ça va venir . . . Au revoir Mademoiselle!

Joseph Servant	*Mademoiselle Chose's tape recorder has been giving her trouble, but she comes to her last call, at the end of a long, hard day and rings at the door of the Servants' flat above the shop.*
Mademoiselle Chose	

Mlle Chose	Bonjour, Monsieur!
Joseph	Bonsoir Madame!
Mlle Chose	Est-ce que votre femme est là? Je voudrais lui parler un instant.
Joseph	Je regrette, Madame, elle n'est pas là. C'était urgent?
Mlle Chose	Oh non, Monsieur, pas vraiment, euh, enfin . . . oui! J'avais quelques petites questions, mais vous pouvez y répondre pour elle.
Joseph	Si je peux vous aider, tant mieux! Mais . . . d'habitude vous parlez aux femmes, n'est-ce pas?
Mlle Chose	Oh, ça ne fait rien . . . il faut s'adapter aux situations . . . quand on travaille.
Joseph	Pardonnez-moi, Madame, mais vous faites quoi exactement?
Mlle Chose	Je fais une enquête dans votre quartier, alors si vous voulez bien répondre à quelques petites questions?
Joseph	Allez-y Madame.
Mlle Chose	Eh bien. Vous habitez Chaviray, n'est-ce pas?
Joseph	J'y ai passé toute ma vie, Madame!
Mlle Chose	(*écrit*) Longtemps! Et puis, votre âge . . . plus de trente ans, n'est-ce pas?
Joseph	Eh oui!
Mlle Chose	Plus de quarante?
Joseph	Euh . . . oui.
Mlle Chose	Vous avez combien d'enfants, vous et votre femme?
Joseph	Nous avons deux filles.
Mlle Chose	Alors il y a quatre personnes à la maison.
Joseph	C'est ça.
Mlle Chose	Et vous avez une machine à laver?
Joseph	Oui, il le faut, car ma femme travaille.
Mlle Chose	Vraiment? Mais qui s'occupe des enfants?
Joseph	Elles sont déjà assez grandes!
Mlle Chose	Quand vous lavez votre linge, vous utilisez de la lessive, n'est-ce pas?
Joseph	Ma femme s'en sert, oui.
Mlle Chose	Oh pardon, Monsieur! Evidemment! . . . Vous utilisez . . . enfin, *elle* utilise quelle marque?
Joseph	Oh, je ne sais pas, ça dépend.
Mlle Chose	Bon, qu'est-ce que vous avez chez vous en ce moment?
Joseph	Oh, la plupart des marques!
Mlle Chose	Mais . . . comment donc? Vous achetez combien de paquets par mois?
Joseph	En général 400 ou 500.
Mlle Chose	Monsieur! Vous vous moquez de moi!
Joseph	Mais pas du tout, Madame — j'en vends dans mon magasin.
Mlle Chose	. . . oh. Euh . . . Quelle est la marque que vous préférez?

Joseph	Oh, vous savez, les différentes marques . . . elles sont toutes plus ou moins identiques!
Mlle Chose	Encore! Mais vous devez avoir une marque préférée!
Joseph	Les clients oui, moi non!
Mlle Chose	Ah! Laquelle?
Joseph	Par exemple, 'Floc' — j'en vends beaucoup en ce moment. Pourtant c'est de la saleté.
Mlle Chose	Ça oui!
Joseph	Mais par contre, il y a une autre . . . impossible d'en vendre! Mes clientes l'ont essayée — elles s'en sont plaintes à moi et je n'en vends plus du tout!
Mlle Chose	Ah??
Joseph	Oui, j'en ai encore cinquante paquets. Ça s'appelle . . . 'Boblan' — non, 'Blanpré', oui, 'Blanpré' aux enzymes. Vous connaissez?
Mlle Chose	. . . un peu, Monsieur. Bonsoir Monsieur, et merci!

MOTS ET EXPRESSIONS

le bidon	drum	la machine à laver	washing machine
le bon de réduction	reduced price coupon	le magnétophone	tape recorder
le carton	carton	la marque	brand, make
douter de	doubt	n'importe quoi	anything
efficace	efficient	perdre du temps	waste time
l'enquête (F)	survey	la plupart	most of
l'enzyme (M)	enzyme	le questionnaire	questionnaire
idéal	ideal	la saleté	dirt, muck
indifférent	indifferent, 'don't know'	s'occuper de	look after
		se servir de	use
la lessive	i) washing; ii) washing powder	suivant	following, next

faites donc!	go ahead!
il ne m'en reste plus	I've got none left
qu'y a-t-il de commun entre X et Y?	what have X and Y got in common?
ça dépend . . .	it depends . . .

QUELQUES NOTES SUR LA LANGUE

Vous achetez n'importe quoi

N'importe (roughly meaning 'It doesn't matter') can be used with the interrogatives

qui	n'importe qui
quoi	n'importe quoi
quand giving	n'importe quand
comment	n'importe comment
où	n'importe où

conveying the ideas of
anybody
anything
at any time   with overtones of disapproval,
anyhow   as in 'any old thing'.
anywhere

These expressions can be used in the same ways as **qui, quoi, quand, comment** and **où**.

Quelle marque? – Which brand?

The type of question designed to find out *which* of a number of alternatives is formed by using the interrogative adjective:

	m	f
singular	quel	quelle
plural	quels	quelles

NB. All four forms sound the same in the spoken language *except* when the noun following begins with a vowel: in that case you can tell the difference between singular and plural because the plural **s** is sounded (pronounced as **z**)

quel garçon?
quels garçons?
quelle fille?
quelles filles?
} all four adjectives sound the same.

quel ami? } both adjectives sound the same – and the same as the four
quelle amie? } in the above examples.

quels amis? } both adjectives sound the same, but in both cases the **s** is
quelles amies? } pronounced.

EXERCICES

1
32, c'est plus ou moins que **31**? C'est **plus**, voyons!
41, c'est plus ou moins que 20? ....
16, c'est plus ou moins que 20? ....
12, c'est plus ou moins que 14? ....
14 plus 12, c'est plus ou moins que 20? ....
16 plus 18, c'est plus ou moins que 40? ....

2

Qui **sonne**?	Quelqu'un **a sonné**? Je n'ai rien entendu!
Qui frappe?	....
Qui appelle?	....
Qui parle?	....
Qui **entre**?	Quelqu'un **est entré**? Je n'ai vu personne!
Qui vient?	....
Qui arrive?	....
Qui descend?	....

3

Prenez **cet argent** – **il est** sur la table.
      D'accord, je prends **l'argent qui est** sur la table.
Lisez cette lettre – elle est sur la commode.

....

Achetez ces fleurs – elles sentent si bon.

....

Essayez ces chaussures – elles sont dans la vitrine.

....

Regardez ce tableau – il est dans l'entrée.

....

Utilisez cette lessive – elle est moins chère.

....

4

Voilà **les clients que vous attendiez.**   Mais non, ce ne sont pas **ceux que j'attendais.**

Voilà les fleurs que vous aimez. ....

Voilà les gens que vous cherchiez. ....

Voilà les produits que vous avez choisis. ....

Voilà la lessive que vous utilisez. ....

Voilà la marque que vous préférez. ....

Exercice écrit

After her interview with Emmanuelle, Mademoiselle Chose rang the bell at Francis' house, where Denise had just begun the morning's work... Fill in the appropriate word chosen from this list: **qui, qui, qui, qui, qui, quel, qu', qu', quand, quand, quand, comment, pourquoi.**

.... Denise a ouvert la porte, elle s'est demandé .... était cette femme bizarre, ... elle ne connaissait pas. Elle portait des vêtements extra-ordinaires, ... lui donnaient un air tout à fait curieux, et, de plus, elle avait deux petites valises, ... semblaient bien lourdes – et puis aussi des papiers .... elle a laissé tomber .... la porte s'est ouverte. Quelle créature! Elle a expliqué à Denise .... elle était là, ... travail elle faisait, ... elle choisissait les gens, et pour .... elle travaillait. Elle allait justement lui poser 'quelques petites questions' .... le téléphone a sonné. Denise, ... ne voulait pas perdre son temps, s'est excusée – et la porte s'est refermée.

(Answers on p. 181)

16

Emmanuelle Baudrécourt
Michel Baudrécourt

Emmanuelle and Michel are in Paris for a day's shopping. They end up in one of the large department stores near the Opéra. The escalator brings them into 'Shop 25' on the third floor...

Emmanuelle	Tu as vu cette robe?
Michel	Laquelle?
Emmanuelle	Là, en face de toi . . .
Michel	Cette robe orange?
Emmanuelle	Pas celle qui est dans la vitrine . . . l'autre . . .
Michel	Celle qui a un col blanc?
Emmanuelle	Michel, tu le fais exprès . . . la robe est là, en face de toi. Tu ne vas pas me dire que tu ne la vois pas! Enfin!
Michel	Allons, ma petite femme! Ne te mets pas en colère! . . . Tu achètes ta robe et moi j'achète ma caméra!
Emmanuelle	Une caméra! Mais quelle caméra! Première nouvelle! Tu ne m'en as rien dit! Mais pourquoi maintenant?
Michel	Le film que nous avons vu chez les Maxent après les vacances de neige m'a convaincu. J'ai regardé beaucoup de brochures, mais je ne sais pas quel modèle prendre . . . Mais nous allons faire le choix ensemble, n'est-ce pas?

Emmanuelle	Michel! Tu es incroyable! Tu ne me dis rien . . . je ne suis pas du tout au courant . . . je ne peux pas t'aider à choisir, chéri!
Michel	On va voir ensemble, d'accord?
Emmanuelle	D'accord! Où penses-tu l'acheter? Dans ce magasin spécialisé que les Maxent nous ont conseillé? Où est-il? C'est la FRAC, non?
Michel	Mais tu vois que tu es au courant, mon petit cœur! Te souviens-tu de l'adresse? Moi, je l'ai oubliée . . .
Emmanuelle	Ce n'est pas Rue de la Boétie? Il y a un magasin 'Frac' dans ce quartier mais je ne sais plus lequel c'est!
Michel	Voyons . . . c'est rue de Rome, mais il y a une succursale Boulevard Saint-Germain.
Emmanuelle	Ah? Ils ont deux magasins? Lequel penses-tu choisir?
Michel	Il est plus simple pour nous d'aller Rue de Rome. Ça ne va pas nous prendre beaucoup de temps!
Emmanuelle	Bon. J'essaie d'abord cette robe . . . Oh, mais elle existe aussi en bleu marine — laquelle préfères-tu?
Michel	Mais tu la voulais orange!
Emmanuelle	Enfin, c'est surtout la coupe et la forme que j'aime . . . la couleur m'est assez indifférente! Qu'en penses-tu?
Michel	Tu les essaies toutes les deux . . . et tu prends celle qui te va le mieux!
	(Emmanuelle disparaît dans la cabine et en sort . . . en orange)
Emmanuelle	Michel!
Michel	Bravo! Elle te va vraiment bien . . . Tu la prends? Garde-la sur toi et nous partons, car il est 4H30!
Emmanuelle	Déjà? Nous avons perdu un temps fou dans les librairies ce matin! Dépêchons-nous alors!
Michel	Nous prenons le Métro ou un taxi?
Emmanuelle	Lequel est le plus rapide à cette heure-ci?
Michel	Prenons le Métro, c'est plus sûr.

Euphraste Guilbot	*In the Jardin Public. A sunny afternoon*
Madame Sani	*has tempted old Monsieur Guilbot out for a walk. Madame Sani too . . .*

M. Guilbot	Je vous disais donc, chère amie, que je voyageais beaucoup autrefois!
Mme Sani	Ah! Que faisiez-vous donc avant?
M. Guilbot	J'étais marin. J'allais partout! J'en ai vu des pays! Je suis allé en Chine, au Japon, en Amérique, aux îles Kerguélen, à Panama . . .
Mme Sani	Vraiment?!!
M. Guilbot	C'est que j'ai navigué sur toutes les mers du monde, vous savez!
Mme Sani	Dites donc!
M. Guilbot	Ça vous coupe le souffle, hein? Maintenant je ne vais plus qu'à Bécon-les-Bruyères chez ma cousine! Quelquefois, je vais aussi dans les Alpes chez mon frère mais . . . j'étais vraiment un bourlingueur! Je reste au calme désormais!

Mme Sani	Et moi qui ne vais jamais qu'en Bretagne! Je ne suis allée qu'une fois à Paris! Ah! j'ai quand même passé trois jours en Dordogne il y a deux ans!
M. Guilbot	Bah! C'est trop tard pour nous maintenant! Il nous faut rester à la maison avec nos souvenirs! Mais pourquoi aller à droite et à gauche? On a d'autres joies à notre âge, n'est-ce pas?
Mme Sani	Hihihi . . .

MOTS ET EXPRESSIONS

bleu marine	navy blue	la joie	joy
le bourlingueur	rolling stone	la librairie	bookshop
la brochure	brochure	le magasin spécialisé	specialist shop
le col	collar	le marin	sailor
conseiller	advise	la mer	sea
la coupe	cut	le Métro	underground
couper le souffle	take (someone's)	se mettre en colère	lose one's temper
(à quelqu'un)	breath away	le modèle	model
exprès	on purpose	naviguer	sail
en face de	in front of, opposite	se dépêcher	hurry
la forme	shape, line	la succursale	branch
incroyable	incredible		

tu ne vas pas me dire que tu ne la vois pas!	you aren't trying to tell me that you can't see it!
première nouvelle!	that's the first I've heard of it!
je ne suis pas du tout au courant	I haven't the faintest idea what it's all about
celle qui te va le mieux	the one that suits you best
garde-la sur toi	keep it on
aller à droite et à gauche	travel/go all over the place

QUELQUES NOTES SUR LA VIE

La librairie — la bibliothèque

A library is **une bibliothèque** — **une librairie** is a bookshop.

La F.R.A.C.

A recent development in retail trading in France is the appearance of special private firms offering reductions to customers, either on a membership basis or through professional or trade-union discount arrangements. These organisations tend to deal in goods such as hi-fi and photographic equipment, but may also include other household equipment and furnishings, and occasionally clothing.

Les Jardins Publics

Parks come in all shapes and sizes, from the Bois de Boulogne (though this is a wood and not strictly speaking **un Jardin Public**) or the Tuileries Gardens to tiny squares tucked away in odd corners of towns. They do, however, usually have some common features: benches to sit on, orange sand and gravel paths, formally planted trees and flower beds and, where space permits, statues and a pond, often with a fountain.

Children play round the pond or on the gravel, *not* on the grass. The grass, in fact, is highly prized and jealously defended by the park-keepers . . .

QUELQUES NOTES SUR LA LANGUE

Lequel/laquelle

Quel, quelle, quels, quelles (Lesson 15) function as adjectives. The corresponding pronouns are a compound of these forms with the definite article, giving:

	m	f
singular	lequel	laquelle
plural	lesquels	lesquelles

e.g. Il y a une robe bleue et une robe orange — **laquelle** est-ce que vous préférez?

Places

Je vais ⎱ à towns   Je reviens: **de** towns
Je reste ⎰   Paris   Chaviray
         Marseille   Dakar
         Lyon   New York

J'y vais!   J'en reviens!
J'y reste!

NB. When the town name includes the definite article the normal compounds are used, e.g.

Le Havre: Je vais **au** Havre. Je reviens **du** Havre.
Les Baux: Je vais **aux** Baux. Je reviens **des** Baux.

Names of countries, like other nouns, have a gender (**La** France, **L'**Italie (F), **L'**Angleterre (F), **Le** Japon, **Le** Canada) and some are plural (**Les** Etats Unis).

Je vais ⎱ **en** feminine countries: Je reviens: **de** feminine countries:
Je reste ⎰   **de la (de l')**
              France   Amérique
              Angleterre   Espagne
              Italie   Turquie

           au masculine countries: **du** masculine countries:
              Japon   Norvège
              Canada   Vénézuéla

           aux plural countries: **des** plural countries:
              Etats-Unis   Indes
              Indes   Etats-Unis

Je vais ⎱ **en** regions and old   Je reviens: **de** for feminine:
Je reste ⎰   provinces of France,   **de la**
              whatever the gender: Normandie
              Normandie   Bretagne
              Poitou   **du** for masculine:
              Lorraine   Quercy
                                                           Périgord

Je vais ⎱ **dans les** mountains   Je reviens: **des**
Je reste ⎰   Alpes   Pyrénées
              Cévennes   Andes

EXERCICES

1
   C'est **un professeur**, je **le** connais.   C'est **un professeur que** je connais.
   C'est un ami, je l'appelle.   ....
   C'est un camarade, je le reconnais.   ....
   C'est un voisin, je l'apprécie.   ....
   C'est un ingénieur, je l'ai rencontré   ....
   C'est un médecin, je l'ai appelé.   ....
   C'est une amie, je l'ai invitée.   ....

2
   Vous quittez **Paris**?   Non, je reste **à Paris**.
   Vous quittez Boulogne?   ....
   Vous quittez la France?   ....
   Vous quittez l'Italie?   ....
   Vous quittez les Etats-Unis?   ....
   Vous quittez Le Havre?   ....
   Vous quittez les Alpes?   ....
   Vous quittez la Normandie?   ....

3   Vous voyez **cette brochure**?   **Laquelle? Celle**-ci ou **celle**-là?

Vous prenez ce journal? ....

Vous achetez ces livres? ....

Vous aimez ces livres? ....

Vous avez vu ce film? ....

Vous essayez ces robes? ....

4   Voici la concierge. Elle m'observe.   Voici la concierge **qui** m'observe.

Voici la concierge. Je l'observe.   Voici la concierge **que** j'observe.

Voici la vendeuse. Elle me sert. ....

Voici la vendeuse. Je l'ai vue hier. ....

Voici le garçon. Il me connaît. ....

Voici le garçon. Je le connais. ....

Aimez-vous cette montre? Je l'ai achetée hier. ....

Aimez-vous cette montre? Elle est dans la vitrine. ....

Voilà les chaussures. Vous les cherchiez. ....

Voilà les chaussures. Elles vous vont si bien. ....

Exercice écrit

Complete the following.

Example: PARIS   En route! On va **à** Paris.

LONDRES   En route! On va ....

LES ETATS-UNIS   En route! On va ....

LA VENDÉE   En route! On va ....

ANGLETERRE   En route! On va ....

LE PANAMA   En route! On va ....

LA NORMANDIE   En route! On va ....

ITALIE   En route! On va ....

LES ALPES   En route! On va ....

LE JAPON   En route! On va ....

LE HAVRE   En route! On va ....

AVORIAZ   En route! On va ....

LA PROVENCE   En route! On va ....

LES BAUX   En route! On va ....

LA BRETAGNE   En route! On va ....

(Answers on p. 181)

Gisèle Servant
Joseph Servant

Just after lunch – Gisèle is reading the newspaper . . .

Gisèle	C'est bien vrai!
Joseph	Que dis-tu? A qui parles-tu?
Gisèle	Je réfléchis . . . Joseph, il faut penser au magasin.
Joseph	Mais je ne fais que cela! Je n'en dors plus!
Gisèle	Le 'SEV', le grand supermarché, va installer une succursale dans le quartier! C'est tout à fait sûr maintenant!
Joseph	Je n'arrive quand même pas à le croire! Penses-tu que le terrain de l'usine à gaz va être assez grand?
Gisèle	Des architectes vont certainement prendre des mesures précises et construire l'immeuble qu'il leur faut – et avec l'argent qu'ils ont, ce ne sont pas des projets en l'air! Ils vont faire quelque chose de bien. Et il va y avoir un grand magasin à deux pas de chez nous!
Joseph	Bon, il faut regarder les choses en face! Il va falloir transformer la boutique rapidement. Je vais téléphoner à Monsieur Feuillu – il va nous donner les conseils nécessaires.
Gisèle	Tu as déjà contacté la Chambre de Commerce, non?
Joseph	Oui, et le président va me mettre en rapport avec un réseau de diffusion de spécialités.
Gisèle	Ah! tu ne m'en as rien dit! Quand vont-ils le faire?

Joseph	J'ai déjà pris quelques rendez-vous! Je vais aller à Paris la semaine prochaine. Je vais rencontrer le directeur de la société VENSPÉ . . .
Gisèle	Et les capitaux, Joseph? Allons-nous avoir assez d'argent? Il n'y a pas longtemps que nous avons acheté la maison de campagne . . .
Joseph	En tout cas, nous n'allons plus faire de travaux là-bas pour quelque temps . . . Notre seul but va être la boutique!
Gisèle	Tant pis! C'est le seul moyen de ne pas être écrasés par le super-marché! Il faut savoir changer avec son temps! Nous allons le faire! Pourquoi pas nous, après tout?
Joseph	C'est ça! La petite boutique Servant a vécu – vive 'la Boutique Chaviréenne – épicerie fine'!

Madame Sani Tante Eléonore	*Madame Sani has just met André's Tante Eléonore outside 'La Glaneuse', and they are just launching into a good gossip. Madame Sani is bursting with news of her friendship with old Monsieur Guilbot*

Mme Sani	Ma chère! Monsieur Guilbot père m'a raconté tous les voyages qu'il a faits autrefois!
Tante Eléonore	Mais vous en êtes toute gaie! J'imagine les histoires qu'il vous a racontées – de vraies histoires de marin, sans doute!
Mme Sani	Je ne vous comprends pas du tout, ma chère. C'était très intéressant. J'aime beaucoup les gens qui ont voyagé, qui ont vu d'autres pays, enfin, les gens qui connaissent la vie. Et de toute façon, Monsieur Guilbot est un homme très correct.
Tante Eléonore	Peut-être!! Mais vous ne l'avez pas vu chez ses enfants le soir du réveillon! Il a fait une comédie qui est difficile à oublier. Vous avez raison, il connaît la vie – mais Dieu sait laquelle!
Mme Sani	Oh! . . . Vraiment?
Tante Eléonore	Eh bien, ma chère, laissez-moi simplement vous dire ceci: il nous a fait des injures, à moi et à ma famille – des injures qu'il est impossible de pardonner. Il nous a blessées, compromises! Vraiment, je préfère ne plus y penser!
Mme Sani	Vraiment! Non, c'est impossible! Il a toujours été charmant avec moi! Il est d'une politesse exquise!
Tante Eléonore	TROP exquise, ma chère!
Mme Sani	Oh, ma chère Eléonore, vous exagérez!
Tante Eléonore	Mais pas du tout! Vous n'étiez pas au réveillon – il m'a dit des *choses*! Vraiment, il m'a réduite à rien! Moins que rien! Je n'en pouvais plus! Il a même inventé une chanson sur moi – et ce n'était pas une chanson d'amour, je vous le garantis!
Mme Sani	OôôôôôhhhhhH!
Tante Eléonore	Mais ma pauvre, vous êtes toute blanche! Ça ne va pas? Qu'est-ce que vous avez?
Mme Sani	Rien . . . euh, rien, merci, ça va mieux.
Tante Eléonore	Ah, je vois, ma chère, c'est mon histoire qui vous a coupé le souffle. Allons . . . !

Mme Sani	Eh oui, j'avoue, votre histoire m'inquiète.
Tante Eléonore	Mais pourquoi, mon Dieu?
Mme Sani	Enfin . . . Je m'étais prise d'amitié pour Monsieur Guilbot. Il a toujours paru si gentil, si aimable — il m'attirait beaucoup. Mais je me suis trompée, hélas!
Tante Eléonore	Ma pauvre Madame Sani! C'est désagréable, je le sais! . . . Mais il fallait vous mettre au courant, n'est-ce pas?

MOTS ET EXPRESSIONS

avouer	admit	garantir	guarantee, assure
le but	aim, goal	l'injure (F)	insult, abuse
le capital	capital (finance)	la mesure	measurement
(les capitaux)		mettre en rapport	put in touch with
la Chambre de	Chamber of	pardonner	pardon, forgive
Commerce	Commerce	la politesse	politeness
compromettre	compromise	le président	president
(compromis)		des projets en l'air	vague plans
le conseil	advice	réduire (réduit)	reduce
contacter	contact	le réseau	network
correct	correct		organisation
	'comme il faut'	la société	company
la diffusion	distribution	le terrain	site
l'épicerie fine	high class grocery	l'usine à gaz	gasworks
exquis	exquisite		

je n'en dors plus	I'm losing sleep over it
regarder les choses en face	face up to things
prendre un rendez-vous	make an appointment
il n'y a pas longtemps que nous avons acheté	we've only just bought
c'est le seul moyen de . . .	it's the only way to . . .
se prendre d'amitié pour	begin to feel friendly towards
la petite boutique Servant a vécu	the Servants' little shop has had its day
vive . . .!	long live . . .!

QUELQUES NOTES SUR LA VIE

La Chambre de Commerce

The first French Chambers of Commerce date from 1898 — in 1960 their title was changed to 'Chambers of Commerce and Industry'. Members of the Chamber of Commerce are elected by local tradesmen, firms and industrialists; the Chamber acts as a consultative body between the appropriate government offices and its own members; it also represents its members' interests either vis-à-vis the government or internally, as when the Chaviray Chamber put Joseph in touch with a co-operative buying agency; and lastly, Chambers of Commerce are often responsible for the management of certain public utilities, such as warehouses or dock installations.

Venspé . . .

is a commercial abbreviation (fictitious) for VENte de SPEcialités. This type of trade name is very widespread in France: sometimes, as in this case, the origins and meaning are fairly straightforward, but often they are tantalisingly obscure. Other possibilities are COCHAVIN (COoperative CHAviréenne de VINs), or SERCHANETT (SERvice CHAviréen de NETToyage).

QUELQUES NOTES SUR LA LANGUE

Tous les voyages qu'il a faits

When **que** (which functions as a pronoun) is followed by a verb in the perfect tense, the past participle varies according to the number and gender of the noun related to **que**:

e.g. Voilà **un gâteau que** j'ai fait.
Voilà **une robe que** j'ai faite.
Voilà **des gâteaux que** j'ai faits.
Voilà **des robes que** j'ai faites.

When the past participle ends in a vowel, there is no difference in sound between masculine and feminine; however, when it ends with a consonant, the consonant is pronounced in the feminine singular and plural. (There is no difference in sound between singular and plural.)

Le supermarché va installer une succursale dans le quartier

To convey the idea of a future action, you can use **aller** followed by the infinitive:

Je pars maintenant: je **vais partir** demain.
Ils vont chez le dentiste: ils **vont aller** chez le dentiste demain.

NB. In the second example there is a degree of ambiguity; as in English (I'm going to go) this type of construction can include both the idea of a future action and the idea of actually *going off* somewhere else in order to do it.

e.g. Je vais voir le dentiste demain.

Note also: il y a — il **va y avoir**. Il faut — il **va falloir**.

EXERCICES

1   Il y avait **une robe bleue** et **une robe orange**.   **Laquelle** avez-vous choisie?
Il y avait un livre de Proust et un Astérix   ....
Il y avait un bidon et un carton de lessive.   ....
Il y avait une rose et une tulipe.   ....
Il y avait une caméra et un appareil de photos.   ....
Il y avait un steak et une escalope.   ....
Il y avait des boîtes et des paquets.   ....
Il y avait des disques et des livres.   ....

2   D'habitude Michel **ne fume pas**. Mais cette fois-ci **il va fumer**.
    D'habitude Lucienne n'attend pas. ....
    D'habitude le directeur ne rit pas. ....
    D'habitude le président ne plaisante pas. ....
    D'habitude Emmanuelle ne s'inquiète pas. ....
    D'habitude André ne chante pas. ....
    D'habitude Denise ne pleure pas. ....

3   Vous allez voir le château? Non, **nous n'allons pas** le voir.
    Vous allez visiter le musée? ....
    Vous allez contacter la société? ....
    Vous allez chercher l'enfant? ....
    Vous allez prendre la voiture? ....
    Vous allez écouter les disques? ....
    Vous allez acheter la maison? ....
    Vous allez lire les journaux? ....

4 **Vous deviez rencontrer Robert**, n'est-ce pas? **Je vais le rencontrer** bientôt.
  Vous deviez écrire à Michel, n'est-ce pas? ....
  Vous deviez téléphoner à Sophie, n'est-ce pas? ....
  Vous deviez aller à Paris, n'est-ce pas? ....
  Vous deviez monter au château, n'est-ce pas? ....
  Vous deviez changer de voiture, n'est-ce pas? ....
  Vous deviez vous coucher, n'est-ce pas? ....

Exercices écrits

1   Complete, along the lines of the example.

    Vous faites des robes? Oui, voilà une robe que j'ai faite.
    Vous faites des tartes? ....
    Vous achetez des gâteaux? ....
    Vous mettez des robes longues? ....
    Vous portez des chemises vertes? ....
    Vous comprenez ces exercices? ....
    Vous prenez ces habitudes? ....
    Vous admettez ces attitudes? ....
    Vous apprenez ces chansons? ....

2   Supply the answers to the following questions.

  Example: Félix boit du cognac? Non, mais il va **en** boire bientôt.
    Tante Léonie part en Vendée? ....
  Les Servant transforment leur magasin? ....
    La concierge parle à Francis? ....
  Le supermarché s'installe dans le quartier? ....
  Le grand-père Guilbot raconte ses histoires? ....
  Le supermarché écrase la boutique Servant? ....

(Answers on p. 182)

MARGILL

Emmanuelle Baudrécourt
Lucienne Servant
Jean-François

The Maison de la Culture. Lucienne's drama club is waiting for Emmanuelle to come and advise them on the choice of this year's play. Enter Emmanuelle . .

Lucienne	Bonsoir Madame — c'est gentil d'être venue. Voici le groupe dramatique: Nicole, Sylvie, Jacques, Alain, Marie-Claude . . .
Emmanuelle	Bonsoir! Ne vous dérangez pas!
Lucienne	Nous attendons notre metteur en scène . . . il est en retard, ce qui ne lui arrive pas souvent. Enfin, nous pouvons déjà parler de notre spectacle!
Jean-François	Bonsoir tout le monde! Ah! Bonsoir Madame! Excusez-moi, je vous ai fait attendre. Je suis venu par les boulevards et la circulation était difficile sur le pont aux Dames. Voilà ce qui m'a mis en retard.

Emmanuelle	Ce n'est pas grave ! Ce qui est important, c'est de nous mettre au travail tout de suite. D'abord parlez-moi de votre groupe.
Jean-François	Eh bien, à notre dernière réunion nous avons réparti le travail, ce qui va simplifier notre choix ce soir. Il y a un groupe d'acteurs et un groupe de techniciens.
Emmanuelle	Voilà ce qui s'appelle de l'organisation !
Jean-François	Oh ! Il ne faut pas être impressionnée !
Emmanuelle	Alors, c'est vous qui êtes le metteur en scène ? Quelles pièces avez-vous montées déjà ?
Jean-François	L'an dernier nous avons présenté deux pièces d'Eugène Ionesco.
Emmanuelle	Lesquelles ?
Jean-François	*Jacques* et *L'Avenir est dans les Oeufs*.
Emmanuelle	Eh bien ! Mais comment avez-vous trouvé assez d'acteurs ?
Jean-François	Oh ! Nous sommes assez nombreux. Nous avons une vingtaine de personnes qui prennent régulièrement des rôles.
Emmanuelle	Alors, en quoi puis-je vous aider ? Avez-vous des idées précises ?
Jean-François	Euh . . . Nous avons un manuscrit original que nous allons vous demander de lire . . . si cela ne vous ennuie pas, bien sûr !
Emmanuelle	*Pharsalie-plage* . . . Voilà qui est intéressant ! Qui a écrit ça ?
Lucienne	Oh, tout le monde, mais c'est Jean-François qui en a eu l'idée.
Emmanuelle	Quel est le thème — ou quels sont les thèmes de *Pharsalie-plage* ?
Jean-François	C'est surtout une présentation de la société contemporaine à travers la mythologie grecque.
Emmanuelle	Rien que ça ? Il me faut d'abord lire le manuscrit, et cela va me prendre une soirée. Est-ce qu'on peut se revoir dans la semaine pour en parler ?
Lucienne	D'accord ! Ce que nous pouvons faire maintenant, c'est penser à la mise en scène.
Jean-François	Ce qui est important aussi, c'est la musique et . . . mais qu'est ce qui se passe ?
Lucienne	Oh ! c'est plein de fumée tout d'un coup ! Ouvrez la porte.
Jean-François	Un incendie ! Vite, vers la sortie !

Madame Gousse *Madame Trépas*	*In her youth Madame Gousse was one of the local beauties — in fact she was once 'La Rosière de Chaviray', the town beauty queen. Which is why she was invited to sit on the panel to choose this year's Rosière, in the town theatre. The next day Madame Trépas calls round to hear what happened . . .*

Madame Trépas	Alors, Madame Gousse, vous avez passé une bonne soirée hier ?
Madame Gousse	Ah oui, Madame Trépas — mais ce qu'il faisait chaud dans ce théâtre ! Et ce que j'avais mal aux pieds ! J'avais mes nouveaux souliers et je ne pouvais pas les enlever parce que nous du jury, vous savez, nous étions sur la scène, devant les gens. Oh ! J'étais très embêtée !

Madame Trépas	Ma pauvre! Ce qui est embêtant, dans ces cas-là, c'est de ne pas être à son aise! On ne pense qu'à ses pieds!
Madame Gousse	C'est vrai! Mais vous voyez — aujourd'hui je suis en pantoufles!
Madame Trépas	Oh! Ce qu'elles sont jolies! Enfin, racontez-moi. Qui a gagné? Qui est la nouvelle Rosière?
Madame Gousse	Bof! Vous savez, c'est cette Lola Tourbe! Elle est très jolie, ça d'accord, mais ce qu'elle est bête!
Madame Trépas	Mais ce qui est important dans un concours de beauté, c'est la beauté, non?
Madame Gousse	Hélas, de nos jours, oui! De mon temps, c'était autre chose! Quand j'étais Rosière, moi, en 1920, il fallait autre chose, vous savez! On rencontrait des personnalités, on faisait des discours, enfin, il fallait donner le bon exemple! D'ailleurs, on était choisie pour toutes ses qualités, pas seulement à cause de son bikini!
Madame Trépas	Oh!!! Dites-moi, les filles se sont présentées en bikini?
Madame Gousse	Plus ou moins . . .! La petite Tourbe était presque nue! Elle ne garde pas de secrets, celle-là, ça non! Il fallait voir! Une de ces poitrines!
Madame Trépas	Oh! Comme c'est indécent! C'est à cause de la télévision, sans doute!
Madame Gousse	Hmm! C'est plutôt à cause des hommes! Moi, je voulais la petite Phélise Ourcq — elle est vraiment gentille, cette fille: jolie, modeste, elle parle bien et tout. Mais les autres ont dit qu'elle manquait de ce qu'ils appellent le . . . un mot anglais . . . le sex-appeal . . . enfin, qu'elle manquait de personnalité!
Madame Trépas	Ce que les hommes sont bizarres, quand même!
Madame Gousse	Oui! Et ce n'est pas maintenant qu'ils vont changer!

MOTS ET EXPRESSIONS

bête	stupid	la mythologie	mythology
le bikini	bikini	nombreux	numerous
contemporain	contemporary	nu	nude
le discours	speech	l'organisation (F)	organisation
embêtant	annoying	la pantoufle	slipper
embêté	annoyed	le pont	bridge
le groupe dramatique	drama club	la poitrine	chest
la fumée	smoke	la personnalité	personality
grec (grecque)	Greek		i) (character)
impressionner	impress		ii) (important person)
l'incendie (M)	fire	répartir	divide, share out
indécent	indecent	le rôle	rôle
le jury	panel, judges	simplifier	simplify
le manuscrit	manuscript	le soulier	shoe
le metteur en scène	producer	le technicien	technician
la mise en scène	production	le thème	theme
modeste	modest		

124

c'est gentil d'être venue	nice of you to come
nous sommes assez nombreux!	there are quite a lot of us!
en quoi puis-je vous aider?	how can I help you?
tout d'un coup	suddenly
de nos jours	nowadays
de mon temps	in my time/day
donner le bon exemple	set a good example

QUELQUES NOTES SUR LA VIE

La Rosière de Chaviray

Every town and village has an annual competition to nominate the Girl of the Year. The more recent contests tend to emulate international titles ('Miss La Haye-Pirey') and assess primarily appearance and measurements. More long-standing contests, however, take account of a wide range of accomplishments and qualities, including such things as skill in cookery and the state of the candidate's private life; they seldom use the title *Miss*, but usually have a name connected with local history or the more elegant local industries. Orléans is perhaps an extreme case — every year a young lady enacts the rôle of Joan of Arc (in the *earlier* stages of her career). Where local history is inappropriate, the most prevalent theme is flowers, and the favourite flower in this context is the rose. SO: *La Rosière de Chaviray.*

QUELQUES NOTES SUR LA LANGUE

Une vingtaine

Une vingtaine corresponds to *approximately twenty.*

Similarly with multiples of ten up to sixty:

une dizaine	une quarantaine
une vingtaine	une cinquantaine
une trentaine	une soixantaine

and with one hundred: une centaine (des centaines)

The approximate term corresponding to mille is un millier (des milliers).

NB. All these are approximate: on the other hand une douzaine and une demi-douzaine mean exactly 12 and 6 respectively.

une quinzaine (= approx. 15) is also used to mean *a fortnight* (quinze jours).

Ce qui/ce que

1   Ce qui and ce que are used in the same way as qui and que.

        i) When the noun is not included in the sentence.

           e.g. C'est **une tarte** que vous voulez acheter?
               – Oui, c'est **ce que** je veux acheter.

           C'est **ce livre** qui vous amuse?
               – Oui, c'est **ce qui** m'amuse.

        ii) When referring to whole sentences (**qui** and **que** refer to nouns).

           e.g. Denise chante bien; **cela** amuse André.
               – Denise chante bien, **ce qui** amuse André.
            (**cela** is subject, so **ce qui** is used)

           Emmanuelle lit beaucoup; Michel ne comprend pas **cela**.
               – Emmanuelle lit beaucoup, **ce que** Michel ne comprend pas.
           (**cela** is object so **ce que** is used)

2   Ce qui and ce que can also be used in the same way as *what*:

        e.g. **Ce qui** est important, c'est de nous mettre au travail tout de suite.

        What's important   } is to start work at once.
        The important thing

        Ce que nous pouvons faire, c'est penser à la mise en scène.
        What we can do is think about the production.

Ce qu'il faisait chaud . . .!
Ce que j'avais mal aux pieds!

        A sentence can be made into an exclamation by adding **comme** or **ce que** at the beginning. Apart from these words, other signs are a special type of intonation (listen for it, particularly in Lesson 18), and of course, the exclamation mark at the end.

Je vous ai fait attendre

        1. The verbs **faire, laisser, voir, entendre, sentir, regarder, entendre,** etc. can be followed by a verb in the infinitive.

        2. If there is a noun, it may appear in front of the infinitive or after it: the meaning is not altered.

        Je regarde **passer** le train. Je regarde le train **passer**.

        3. However **faire** *must* be followed directly by its infinitive verb; **faire** functions like an auxiliary verb (compare with **vouloir,** etc., Lesson 12, pp. 88–9).

        Je fais attendre Denise.
        Je la fais attendre.
        J'ai fait attendre André et Michel toute la journée.
        Je les ai fait attendre toute la journée.

        NB. In this construction, the past participle does not vary.

notre dernière réunion . . .   . . . l'an dernier . . .

dernier normally precedes the noun, but it follows these nouns, which refer
to periods of time: la semaine, le mois, l'an, l'année, le siècle.
It also follows days of the week, and months (which are all masculine).

la semaine dernière, l'an dernier, mardi dernier,
dimanche dernier, octobre dernier.

In these cases *last* = the one before this.

When **dernier** precedes these time-words, it implies that the period of time
is the *last of a series*.

Décembre est le dernier mois de l'année.

EXERCICES

1
    Vous dites que vous partez?   Oui, c'est ce que je dis.
    Vous avez cru qu'il partait?   ....
    Vous pensez qu'il a raison?   ....
    Vous croyez qu'il est sérieux?   ....
    Vous avez dit qu'il n'était pas là?   ....
    Vous avez entendu qu'il ne revient pas?   ....
    Vous pensez que c'est grave?   ....

2
    Vous ne nagez pas? Ce n'est pas difficile!
    Mais si! C'est difficile de nager!

Vous n'allez pas chez le dentiste? Ce n'est pas désagréable!

....

Vous ne montez pas? Ce n'est pas interdit!

....

Vous n'écrivez pas? Ce n'est pas ennuyeux!

....

Vous ne regardez pas la télévision? Ce n'est pas fatigant!

....

Vous ne vous levez pas à six heures? Ce n'est pas impossible!

....

3
    Il est important de partir.   Oui, ce qui est important, c'est de partir.
    Il est utile de lire.   ....
    Il est agréable de nager.   ....
    Il est indispensable de choisir.   ....
    Il est inutile de se disputer.   ....
    Il est désagréable d'être enrhumé.   ....

4 Vous êtes intéressé par ce que je pense?   Ce que vous pensez ne m'intéresse pas.
   Vous êtes blessé par ce que je raconte? ....
   Vous êtes touché par ce que je fais? ....
   Vous êtes flatté par ce que je dis? ....
   Vous êtes amusé par ce que je propose? ....
   Vous êtes attiré par ce que j'offre? ....
   Vous êtes rassuré par ce que j'écris? ....

5   On m'a dit qu'il y a **dix** librairies à Chaviray.
         C'est vrai — il y en a **une dizaine.**

On m'a dit qu'il y a cinquante familles dans cette résidence.

....

On m'a dit qu'il y a trente élèves dans cette classe.

....

On m'a dit qu'il y a quarante jeunes filles au concours de beauté.

....

On m'a dit qu'il y a vingt acteurs dans le groupe.

....

On m'a dit qu'il y a dix étages dans cet immeuble.

....

On m'a dit qu'il y a soixante tableaux dans le musée.

....

Exercice écrit

Qui est-ce?

Il est bavard, j'en suis étonné. Il est riche, je ne le savais pas. Il est beau, je ne l'ai pas bien remarqué. Il est sportif, c'est étonnant. Il est même artiste, c'est surprenant!

Rewrite this, using **ce qui** or **ce que** to link the two parts of each sentence.

.... et qui est-ce?

(Answers on p. 182)

19

André Guilbot
Denise Guilbot

The Guilbots' flat, the day after the fire. André
is about to leave for work.

André	Denise, tu as lu le journal?
Denise	Non, pas encore! Qu'est-ce qui s'est passé?
André	Il paraît que la Maison de la Culture a brûlé . . .
Denise	Vraiment? Quand?
André	Je te lis ce qui est écrit: 'Vers 23 heures hier soir on a dû évacuer d'urgence la Maison de la Culture . . .
Denise	Mon Dieu! Madame Baudrécourt y était! Je vais lui téléphoner pour savoir ce qui est arrivé.
André	Ne t'inquiète pas! Il n'y a pas eu de blessés, seulement des dégâts matériels . . . qui sont évalués à 40.000 francs!
Denise	C'est incroyable! Qu'est-ce qui a été détruit?
André	Il paraît que le rez-de-chaussée est endommagé, surtout l'entrée où les fresques ont été complètement détruites!

Denise	Quelle catastrophe!
André	'La cause du sinistre', dit le journal, 'a été sans doute un court-circuit.' Mais c'est impossible, enfin! Une installation si moderne! Je vais y aller ce matin. Il faut voir ce qui s'est passé!
Denise	Il n'y a pas de photos dans le journal?
André	Non. Il y a simplement ceci. 'Monsieur Francis Sautier a accepté de faire de nouvelles fresques avant l'inauguration.'
Denise	Avant l'inauguration? Mais c'est dans un mois! Il va travailler comme un fou! J'ai bien l'impression qu'il va passer ses nuits à peindre!
André	Eh! Les artistes sont comme ça, n'est-ce pas? Ils dorment, ils se lèvent quand ils en ont envie! Bref! Je me dépêche — il ne faut pas être en retard. J'emmène Rémy au lycée, et nous nous retrouvons à la Maison de la Culture.
Denise	Oui, d'accord. A tout à l'heure!

Le Capitaine des Pompiers   *The Fire Chief is being interviewed*
Un Reporter de la radio   *about the fire in the Maison de la*
                                   Culture . . .

Reporter	Capitaine, pouvez-vous rappeler pour nos auditeurs ce qui s'est passé?
Capitaine	Tout d'abord, nous sommes arrivés très vite sur les lieux . . .
Reporter	Quelle heure était-il?
Capitaine	Nous avons reçu l'appel à 10 heures 53, et à 10 heures 58 mes hommes étaient déjà sur les lieux!
Reporter	Pouvez-vous nous décrire ce que vous avez dû faire?
Capitaine	C'est très simple. Les tapis et les peintures brûlaient dans l'entrée. Nous avons commencé par éteindre ces deux incendies.
Reporter	Cela a été long?
Capitaine	Il faut reconnaître que dans cette Maison de la Culture l'accès à certains endroits est difficile. Mais mes hommes étaient nombreux et bien organisés. Certains sont restés dans l'entrée, et pendant qu'ils surveillaient la situation, d'autres sont montés dans les étages supérieurs.
Reporter	Vos hommes ont-ils été blessés?
Capitaine	Absolument pas! Et même, pour maîtriser le sinistre, il leur a fallu seulement une demi-heure et tout est rapidement rentré dans l'ordre.
Reporter	Capitaine, après ce sinistre, pouvez-vous nous donner vos impressions?
Capitaine	Les dégâts ne sont pas importants — on a évité le pire. Mais je crois que c'est le moment de dire ceci: dans tout lieu public il faut un système de sécurité très efficace pour permettre d'abord un accès facile, et ensuite, une évacuation rapide.
Reporter	Etes-vous content de vos hommes?
Capitaine	Absolument! Ils se sont conduits admirablement et ils ont montré beaucoup de courage et de discipline.
Reporter	Capitaine, je vous remercie!

MOTS ET EXPRESSIONS

l'accès (M)	access	évaluer	value, estimate
admirablement	admirably	les fresques (F)	frescoes, murals
l'appel (M)	call	l'inauguration (F)	inauguration, opening
l'auditeur (M)	listener	l'installation (F)	installation
le capitaine	captain	les lieux (M)	place
la cause	cause	maîtriser	control, overcome
certain	some (adjective or pronoun)	matériel	material
		peindre (peint)	paint
un court-circuit	short-circuit	la peinture	paint, painting
les dégâts	damage	le rez-de-chaussée	ground floor
la discipline	discipline	se conduire (conduit)	conduct oneself
efficace	efficient	le sinistre	disaster
endommager	damage	le système de sécurité	alarm system
les étages supérieurs	the upper floors		
éteindre (éteint)	put out, extinguish	d'urgence	urgent(ly), emergency
évacuer	evacuate		

il n'y a pas eu de blessés	no-one was hurt
être sur les lieux	be on the spot
tout est rentré dans l'ordre	everything was under control
dans tout lieu public	in every public building

QUELQUES NOTES SUR LA VIE

Appelons les pompiers!

In an emergency, one of the first things to do is to summon help — often by telephone. In Britain the nation-wide 999 simplifies things. However, there is no such number in France: one must telephone the appropriate service, and the number varies from town to town. In Paris, the various emergency numbers are printed in the front of the telephone directory. More useful, however, are the emergency numbers printed on the dial of every telephone: **police-secours, pompiers**. Naturally these numbers should only be used in a real emergency — **en cas d'urgence**.

QUELQUES NOTES SUR LA LANGUE

Infinitives

In lessons 12 (**vouloir**, etc.) and 18 (**faire**) we saw examples of how one verb can introduce another, using simply the infinitive.

e.g. Denise veut voir le journal.   Je vous ai fait attendre.

With verbs of seeing, hearing, etc., the infinitives can be used without prepositions, as follows:

Je vois Lucienne; elle vient.   J'entends Joseph; il monte.
Je la vois; elle vient.   Je l'entends; il monte.
Je la vois venir.   Je l'entends monter.

à/de

Many other verbs can be linked in this way, but in general **à** or **de** must be used. The choice between **à** and **de** is determined by the first verb; there is no real system behind the distribution of the two prepositions, and it is best to try to learn the correct one along with the verb.

e.g. **aider à**: Francis aidera Joseph à faire la vitrine.
commencer à: Le capitaine des Pompiers a commencé à parler.
s'habituer à: Emmanuelle s'habitue à conduire à Chaviray.
se mettre à: Sylvie s'est mise à pleurer.
cesser de: Michel va cesser de fumer.
demander de: Félix demande aux clients de payer.
finir de: Emmanuelle a fini de lire le manuscrit.
permettre de: Madame Trépas nous a permis d'entrer.

par

Commencer par and **finir par** correspond to *begin/end by* doing something.

Compare these two examples:

Lydie a commencé **à** chanter.   Lydie began *to sing*.
Lydie a commencé **par** chanter.   Lydie began *by singing*.

Je viens de . . .

Aller followed by an infinitive is used as a future tense, often referring to the immediate future. **Venir** is used in a similar way to refer to the immediate past. **De** always comes between **venir** and the verb in the infinitive.

André **vient de voir** le journal.   André *has just seen* the paper.
Le Capitaine des Pompiers **vient de parler**.   The Fire Chief *has just spoken*.

NB. **de** is invariable, so: André vient **de le** voir.

EXERCICES

1

Lucienne est intelligente.   Mais elle croit **qu'elle n'est pas intelligente.**

Jean-François est fatigué.   ....

Madame Gousse est bavarde.   ....

Denise est heureuse.   ....

Les Servant sont riches.   ....

Emmanuelle est jolie.   ....

2

Il paraît que **le feu a pris** rapidement.   Quand **a-t-il pris** exactement?

On dit que les pompiers sont arrivés rapidement.   ....

Il paraît que les gens sont sortis très vite.   ....

On dit que le directeur n'est pas venu tout de suite.   ....

Il paraît que Monsieur Sautier va faire les fresques.   ....

On dit que le reporter est parti.   ....

3

C'est **une tarte que** vous voulez?   Oui, c'est **ce que** je veux.

C'est un cognac que vous prenez?   ....

C'est un sac que vous achetez?   ....

C'est un livre que vous écrivez?   ....

C'est un téléphone que vous cherchez?   ....

C'est un briquet que vous avez perdu?   ....

4

J'entends les voisins **se disputer.**   Enfin, je crois **qu'ils se disputent.**

Je vois la maison brûler.   ....

J'entends les voitures arriver.   ....

Je vois la porte se fermer.   ....

J'entends les enfants jouer.   ....

Je vois la concierge sortir.   ....

5

Quand est-ce que **vous allez manger les oranges?**
Mais **je viens de les manger.**

Quand est-ce que vous allez voir Michel?

....

Quand est-ce que vous allez ouvrir la bouteille?

....

Quand est-ce que vous allez téléphoner au professeur?

....

Quand est-ce que vous allez parler au capitaine?

....

Quand est-ce que vous allez organiser vos hommes?

....

Quand est-ce que vous allez vendre votre appartement?

....

Exercice écrit

Here are two passages from taped interviews after the fire at the Maison de la Culture.

Le Capitaine des Pompiers: 'J'ai reçu l'appel à 10H53. Cinq minutes plus tard, j'étais à la Maison de la Culture avec mes hommes. Nous sommes entrés et nous avons rapidement maîtrisé l'incendie. J'ai quand même laissé deux hommes qui doivent surveiller les lieux. Il faut reconnaître que mes hommes se sont très bien conduits et qu'il y a un service de sécurité admirable.'

Le Directeur: 'Heureusement la situation n'est pas très grave — les dégâts matériels ne sont pas très importants. Il faut quand même penser à l'inauguration de la Maison de la Culture, qui doit s'ouvrir dans un mois — et nous avons besoin de nouvelles fresques pour l'entrée. J'espère que Monsieur Sautier va accepter ce travail. J'admire beaucoup ses toiles et je suis certain que tous les Chaviréens sont de mon avis.'

Now turn these quotes into newspaper reports. Begin with **Le capitaine a dit que** . . . and then put everything into indirect speech.

(Answers on p. 182)

 Emmanuelle Baudrécourt   Emmanuelle has driven round to pick
Michel Baudrécourt   up Michel after work . . .

Michel	Bonsoir chérie! C'est gentil d'être venue m'attendre! J'ai des tas de choses à te dire! On passe par la forêt et nous irons prendre un pot?
Emmanuelle	D'accord! Nous y dînerons aussi?
Michel	Pourquoi pas!
Emmanuelle	Bonne idée . . . je n'ai pas du tout envie de préparer un repas ce soir. Cette détente nous fera du bien. Alors, tu me dis les nouvelles?
Michel	. . . On vient de me proposer un nouveau travail à Paris!
Emmanuelle	Mais comment cela?
Michel	Oh! par relations, un peu par hasard aussi!
Emmanuelle	Tu ne l'accepteras pas? . . .
Michel	Oh! Je n'en sais rien, mais la semaine prochaine j'irai à Paris voir exactement de quoi il s'agit!
Emmanuelle	Mais Michel c'est impossible!
Michel	Peut-être, mais il faut y penser! Voici les conditions: les nouveaux laboratoires, absolument modernes, fonctionneront très bientôt — j'en rêve! Le salaire sera presque deux fois mon salaire actuel . . . car on me fournira une voiture, etcétéra, etcétéra.
Emmanuelle	Evidemment c'est très tentant, mais je ne pourrai pas abandonner mon poste au lycée . . . tu le sais!

Michel	Oui je le sais . . . mais tu pourras trouver un autre poste, non?
Emmanuelle	Si cela en vaut la peine, oui . . . mais nous ne trouverons pas d'appartement tout de suite — il faudra nous réinstaller, cela me fait un peu peur!
Michel	Mais chérie, je ferai un travail plus intéressant avec du matériel ultra-moderne — et je gagnerai beaucoup plus! C'est extraordinaire, non?
Emmanuelle	C'est donc fait pour toi. Mais tu crois vraiment que ça va marcher?
Michel	Oh non! J'y croirai quand j'y serai . . . J'ai rendez-vous avec le Directeur la semaine prochaine à Paris! C'est après ce contact que je me déciderai . . . s'ils veulent bien encore de moi!
Emmanuelle	Nous y réfléchirons . . . Enfin! Voilà 'L'Orée du Bois' . . . J'ai vraiment faim, pas toi?
Michel	Si! Pensons aux choses sérieuses!

Michel Baudrécourt
L'Hôtesse d'accueil
La Liftière

The following week. Michel has just arrived for his appointment with the personnel officer of what might be his new employers. The firm's headquarters are in a very modern building. Michel comes into the entrance hall and looks round the huge, spotlessly clean room. He sees the information desk and goes up to the receptionist . . .

Michel	Pardon, Madame, j'ai rendez-vous à neuf heures avec Monsieur Duchoy, bureau 4214.
Hôtesse	Au quatrième étage . . . Je regarde les fiches de rendez-vous. Vous êtes le numéro 42271 . . . Monsieur Baudrécourt.
Michel	C'est ça.
Hôtesse	Vous êtes attendu par Monsieur Duchoy à neuf heures. Mais il est déjà neuf heures moins cinq!
Michel	Je le sais, hélas! Donc si vous voulez bien m'éviter une perte de temps et m'indiquer le chemin . . .
Hôtesse	Voici un plan, Monsieur, où tout est indiqué.
Michel	Vous êtes trop aimable, Madame, merci! (*Il regarde le plan*) Voyons . . . l'ascenseur. Il faut d'abord trouver l'ascenseur. Ah! Le voilà!
Liftière	Rez-de-chassée!
Michel	Le quatrième pour moi, s'il vous plaît!
Liftière	Premier ou deuxième niveau?
Michel	Ma foi Mademoiselle, je n'en sais rien . . . Je vais regarder mon plan.
Liftière	Premier étage premier niveau! Attention à la porte!
Michel	Pardon Mademoiselle, le bureau 4214, c'est bien le deuxième niveau du quatrième étage?
Liftière	Oui Monsieur, c'est cela! Attention, deuxième étage premier niveau. Personne? Vous avez rendez-vous à neuf heures? Vous serez à l'heure! Voilà pour vous, quatrième étage deuxième niveau!
Michel	Merci beaucoup Mademoiselle!

Liftière	Pour le bureau 4214 vous prenez le premier couloir à droite et c'est la troisième porte à gauche.		
Michel	Alors, premier à droite, troisième à gauche, c'est ça?		
Liftière	C'est ça, Monsieur. Au revoir Monsieur, bonne journée!		

MOTS ET EXPRESSIONS

abandonner	give up	fournir (fourni)	provide (with)
actuel (actuelle)	present	à l'heure	on time
l'ascenseur (M)	lift	indiquer	show
clairement	clearly	les laboratoires	laboratories
le contact	contact	le matériel	equipment
le couloir	corridor	le niveau	level
la détente	relaxation	le poste	post, job
la fiche	card, slip	proposer	propose
fonctionner	function	se décider	make up one's mind
la forêt	forest	tentant	tempting

des tas de choses	heaps of things
prendre un pot	have a drink
par relations	through contacts
de quoi il s'agit	what it's all about
c'est donc fait pour toi!	as far as you're concerned it's all cut and dried!
j'y croirai quand j'y serai	I'll believe it when I get there
s'ils veulent bien encore de moi	if they still want me
vous êtes attendu par X	X is expecting you
'L'Orée du Bois'	The edge of the woods (a traditional name for a restaurant in the country)

QUELQUES NOTES SUR LA LANGUE

Premier étage, deuxième niveau

Each cardinal number has a corresponding ordinal adjective.

1 – un/une – premier/première

All the others are invariable; the adjectives are formed by adding the suffix **-ième**, to the whole word if it ends with a consonant, otherwise the final **e** is dropped:

2 – deux – deuxième	19 – dix-neuf – dix-neuvième
3 – trois – troisième	20 – vingt – vingtième
4 – quat**re** – quatrième	21 – vingt-et-un – vingt-et-**unième**
5 – cinq – cinquième	50 – cinquant**e** – cinquantième
9 – neuf – neuvième	70 – soixante-dix – soixante-dixième
11 – onz**e** – onzième	80 – quatre-vingt**s** – quatre-vingtième
18 – dix-huit – dix-huitième	100 – cent – centième

NB. With the exception of $\frac{1}{2}$, $\frac{1}{3}$ and $\frac{1}{4}$ (see Lesson 14, p. 102), the ordinals are also used for fractions – $\frac{1}{10}$ – un **dixième**, and so on. These fractions are all masculine.

The Future Tense

The future tense is formed with a new set of endings:

je — **ai**	Written out like this, there are 6 different forms,
tu — **as**	but try saying them aloud and you'll see there
il — **a**	are only 3 different sounds.
nous — **ons**	
vous — **ez**	
ils — **ont**	

These endings are added to the infinitive when it ends in -**er** or -**ir**:

trouver	finir
je trouver**ai**	je finir**ai**
tu trouver**as**	tu finir**as**
il trouver**a**	il finir**a**
nous trouver**ons**	nous finir**ons**
vous trouver**ez**	vous finir**ez**
ils trouver**ont**	ils finir**ont**

When the infinitive ends in **re**, the final **e** is removed to make the new stem:

croire	vendre	peindre
croir-	vendr-	peindr-
je croir**ai**	je vendr**ai**	je peindr**ai**
tu croir**as**	tu vendr**as**	tu peindr**as**
il croir**a**	il vendr**a**	il pendr**a**
nous croir**ons**	nous vendr**ons**	nous peindr**ons**
vous croir**ez**	vous vendr**ez**	vous peindr**ez**
ils croir**ont**	ils vendr**ont**	ils peindr**ont**

Special cases:

avoir	— j'**aur**ai, **tu aur**as, etc.	vouloir — **je voudr**ai
être	— **je ser**ai	pouvoir— **je pourr**ai
aller	— j'**ir**ai	faire	— **je fer**ai
venir	— **je viendr**ai	voir	— **je verr**ai
recevoir — **je recevr**ai	savoir	— **je saur**ai

il **faut** has the future form il **faudra.**

EXERCICES

1

Je sais que vous **viendrez.**	Alors, **venez**!
Je sais que vous partirez.	....
Je sais que vous reviendrez.	....
Je sais que vous dormirez.	....
Je sais que vous réfléchirez.	....
Je sais que vous attendrez.	....

2   André! **Vous n'allez pas le dire!**   Mais si! **Je le dirai!**

Michel! Vous n'allez pas l'accepter! ....

Emmanuelle! Vous n'allez pas l'acheter! ....

Jean-François! Vous n'allez pas le boire! ....

Lucienne! Vous n'allez pas le revoir! ....

Denise! Vous n'allez pas le regretter! ....

3   **Vous partez** maintenant?   Non, **je partirai** ce soir.

Vous revenez tout de suite? ....

Vous mangerez bientôt? ....

Vous l'inviterez dès maintenant? ....

Vous prendrez le train tout à l'heure? ....

Vous vous lèverez sans tarder? ....

Vous reviendrez aussitôt que possible? ....

4   **Vous allez** au théâtre demain? **(mercredi)**   Non, **je n'irai** au théâtre **que** mercredi.

Vous choisissez déjà votre robe? (ce soir) ....

Vous prenez votre café maintenant? (à la fin du repas) ....

Vous dînez tout de suite? (à 10 heures) ....

Vous partez bientôt? (demain) ....

5   Les autobus partent tous les dix minutes.

Le **premier** part à **7H03** — et le **deuxième**?   Le **deuxième** part à **7H13**.

Et le troisième? ....

Et le quatrième? ....

Et le cinquième? ....

Et le septième? ....

Et le dixième? ....

Exercices écrits

1   L'an dernier, pour les vacances de Pâques, Francis est parti en voiture. Il a traversé la France et il est resté quelques jours à Strasbourg où il a visité les musées, regardé la cathédrale, et bien mangé dans les restaurants typiques de la ville. Il est ensuite allé sur la Côte d'Azur; le matin, il nageait et l'après-midi il dormait sur la plage. Après cela, il est monté en Provence où il a visité des villages anciens et où il a fait beaucoup de toiles. Puis il est descendu voir des amis à Marseille, ce qui a été très amusant, et il est revenu à Chaviray très content de ses vacances.

Cette année il **fera** exactement la même chose: Il **partira** en voiture, il

....

2   The clocks show the relevant times: supply the second sentence in each pair, as in the example.

Denise est arrivée à 8H. Et Madame Sani?

Elle est arrivée à 7H45; elle est arrivée **avant** Denise.

Madame Gousse est venue à 5H. Et Madame Trépas?

....

Sylvie est rentrée à 9H. Et Jean-François?

....

Les Baudrécourt ont mangé à 8H30. Et les Guilbot?

....

Le café se ferme à minuit. Et l'épicerie?

....

Michel est parti à 3H. Et Emmanuelle et Denise?

....

(Answers on p. 183)

	Emmanuelle Baudrécourt	The Baudrécourts' flat, one morning.
	Denise Guilbot	The telephone rings. Emmanuelle
		answers. It's for Denise.

Emmanuelle	Denise! C'est pour vous! Je crois que c'est votre mari!
Denise	Ah! C'est curieux! Mon Dieu! Qu'est-ce qui s'est passé? Puisqu'il me téléphone, c'est qu'il est arrivé quelque chose!
Emmanuelle	Allons! Ne vous inquiétez pas!
Denise	(*au téléphone*) André?... Non! C'est incroyable!... Quand l'as-tu su?... Combien?... Tu dis, 20.000 francs?... Tu en es sûr, au moins?... Si je te pose des questions idiotes c'est parce que je suis très étonnée, c'est tout!... Bon, je te verrai ce soir seulement, parce que je vais chez le coiffeur. Au revoir, chéri.
Emmanuelle	Allons, Denise, qu'est-ce qui vous prend? Qu'est-ce qui s'est passé?
Denise	Je n'arrive pas à y croire! 20.000 francs, comme ça tout d'un coup!... Et avec le mal que j'ai à faire des économies!
Emmanuelle	Excusez-moi, je n'ai pas très bien compris. Vous avez fait un héritage?

Denise	Comment? Je ne vous l'ai pas encore dit?
Emmanuelle	Ma foi non! Mais je crois que je comprends.
Denise	Mais vous vous rendez compte, Madame Baudrécourt! Deux millions d'anciens francs! André – a – gagné – deux – millions – à la Loterie Nationale!!!
Emmanuelle	Mais dites-moi! C'est extraordinaire! C'est absolument merveilleux! Qu'est-ce que vous allez faire de cet argent? Vous avez des idées?
Denise	Oh . . . on l'utilisera bien! Mais pour le moment je suis tellement chavirée que je ne peux pas y penser sérieusement!
Emmanuelle	Vous n'aviez donc pas de projets?
Denise	Oh si! Oh si! D'ailleurs, nous nous sommes toujours dit: 'Quand on aura de l'argent, on ne le laissera pas dans un bas de laine, on voyagera! On verra du pays!
Emmanuelle	Eh bien, bravo! Félicitations! Vous allez passer une très bonne soirée!
Denise	C'est vrai! Nous pourrons aller en Espagne cet été . . . comme nous en avions envie! Oh! C'est formidable!
Emmanuelle	Oh! Il est dix heures! Il me faut partir au lycée maintenant. A demain Denise, et félicitations encore!

Emmanuelle Baudrécourt	*Michel has just got home from work; Emmanuelle doesn't have to be clairvoyant to see that something has happened . . .*
Michel Baudrécourt	

Emmanuelle	Eh bien, mon chéri, tu as l'air préoccupé! Qu'est-ce qui ne va pas? Tu ne te sens pas bien? Tu es très pâle!
Michel	Oh, je suis un peu fatigué, c'est tout.
Emmanuelle	Enfin! Ce n'est pas la seule raison. Oh! J'y suis! Tu as eu une réponse de chez Dufourd?
Michel	Oui, c'est cela exactement! Je n'ai pas été accepté . . . Un autre candidat mieux placé que moi l'a emporté finalement!
Emmanuelle	Tu es déçu, bien sûr . . . mais tu n'y tenais pas tellement, mon chéri, n'est-ce pas?
Michel	Non, pas vraiment. Mais c'est une blessure d'amour-propre, c'est tout!
Emmanuelle	Bah! . . . A ton avis, pourquoi l'autre candidat l'a-t-il emporté sur toi?
Michel	Il est beaucoup plus expérimenté que moi, plus âgé d'abord! Il a 45 ans à peu près, et il a fait exactement le même travail aux Etats-Unis – il en revient, d'ailleurs. Comme ça il peut commencer tout de suite et l'usine ne perd pas de temps pour la mise au courant!
Emmanuelle	Allons, pas de regrets! D'autres occasions se présenteront! Ne t'inquiète pas!
Michel	Tu as raison – n'y pensons plus! Je n'avais pas vraiment envie de partir . . . Oh zut! J'allais oublier de te dire . . .
Emmanuelle	Quoi?
Michel	Tu ne devineras pas.
Emmanuelle	Pfff . . .
Michel	Marianne Jalais va venir nous voir très bientôt!

Emmanuelle	Ça alors, c'est la meilleure !
Michel	Elle m'a téléphoné au bureau car il n'y avait personne à l'appartement. Elle travaille maintenant à *Marie-Chantal* – elle va venir faire le reportage sur le Festival de Chaviray.
Emmanuelle	Ça, c'est formidable ! Je serai vraiment très contente de la revoir !
Michel	Elle voulait descendre à l'hôtel.
Emmanuelle	Mais non ! Elle viendra ici. Je vais lui téléphoner pour l'inviter à la maison.
Michel	C'est déjà fait.
Emmanuelle	Alors, parfait ! Si nous faisons un peu de place dans le bureau, si nous rangeons tous les bouquins, elle aura même une chambre agréable.
Michel	Tu lui donneras un coup de téléphone pour le lui confirmer, n'est-ce pas ?
Emmanuelle	D'accord, je le fais maintenant . . .

MOTS ET EXPRESSIONS

l'amour-propre (M)	self-esteem	l'héritage (M)	inheritance
le bas de laine	woollen sock, stocking	idiot	stupid, silly
		la mise au courant	briefing, training
la blessure	wound	obtenir (obtenu)	obtain
le bouquin	book	pâle	pale
le candidat	candidate	l'occasion (F)	opportunity
chaviré	knocked off balance	placé	placed
confirmer	confirm	se rendre (rendu) compte de	realise
emporter	carry off		
expérimenté	experienced	le reportage	reportage, report
la félicitation	congratulation	la situation	situation
le festival	festival	tenir (tenu) à	set store by

et avec le mal que j'ai	and what with the trouble I have . . .
faire un héritage	come into money
on verra du pays	we'll see the world
j'y suis !	I've got it !
l'emporter sur quelqu'un	come out top over someone

QUELQUES NOTES SUR LA VIE

La Loterie Nationale

Visitors to France are often struck — and a little baffled — by the displays of brightly coloured tickets sold in most cafés and tobacconists' or in little wooden cabins manned by old ladies on street corners. These are tickets for the French National Lottery — the winning tickets are drawn each Wednesday during a variety show usually broadcast on radio, which tours round French towns.

Prizes vary according to the order in which numbers are drawn, and also depend on whether one has spent 30 Francs on a whole ticket or 3 F on a tenth share in a ticket (**un dixième**): the highest prize can reach about £25,000 or £30,000 and the lowest — though nonetheless an appreciable one — is a free ticket for the following week's draw (or, if one is really short of money, 3 Francs in cash). The receipts are divided between the State and a series of welfare organisations — **Les Gueules Cassées,** for disfigured ex-servicemen and **Les Ailes Brisées,** for disabled airmen, to name only two.

Les bas de laine

The tradition of thrift goes back a long way; in the nineteenth century peasants tended to distrust the new-fangled banks, and preferred to keep their savings in cash in a hiding-place at home — traditionally in an old sock (**un bas de laine**). The custom has survived to a certain extent, in that many people are attached to the idea of possessing a few bars of gold instead of an account in paper money.

Vingt mille francs — deux millions de francs

As a result of progressive inflation, the franc gradually came to be an extremely low-value unit of currency. In 1959–60 a currency reform was promulgated to remedy this situation, by the simple means of making the basic unit, the Franc, equivalent to 100 old Francs. This is why one still finds people thinking in terms of 'old Francs' and 'new Francs' although the transitional term 'Nouveau Franc' (NF) was dropped some years ago. If this seems irrational, it should be remembered that the guinea was withdrawn from circulation in 1817 . . .

QUELQUES NOTES SUR LA LANGUE

quand/lorsque

Both these words correspond to *when*. However, **quand** may also be used to begin a question.

e.g. Je lui ai parlé **quand** il est arrivé.
   Quand il est arrivé, je lui ai parlé.
   Quand est-il arrivé?

Lorsque, on the other hand, can only be used as a link:

   Je lui ai parlé **lorsqu'il** est arrivé.
   Lorsqu'il est arrivé, je lui ai parlé.

Lorsque is generally considered more formal and more literary than **quand.**

When the future tense is used, it must be used in *both* clauses. This contrasts with English usage.

e.g. Quand ils **arriveront**, nous leur ouvrirons la porte.
Quand je **serai** riche, j'irai aux Etats-Unis.

NB. There exists a whole range of phrases to link two clauses so as to show their time relationship; most of these use **que** and are easy to understand when one looks at the component parts:

e.g. chaque fois que . . .   depuis que . . .
avant que . . .   pendant que . . .
après que . . .   maintenant que . . .

Chaque fois qu'il m'appelle, je viens.

parce que/puisque

The distinction between **parce que** and **puisque** parallels that between *because* and *since*.

Parce que introduces an explanation, which always follows the thing explained.

Michel est parti **parce qu**'il était fatigué

Puisque introduces the cause, which can precede or follow the thing explained:

Puisque Michel est parti, je m'en vais.
Je m'en vais, **puisque** Michel est parti.

NB. Michel est parti – **C'est** Michel **qui** est parti. (See p. 81).
Parce que can be emphasised in the same way.

Michel est parti parce qu'il est fatigué.
– C'est **parce qu**'il est fatigué **que** Michel est parti.

This type of sentence can be rephrased along the lines of:
Si Michel est parti, **c'est parce qu**'il est fatigué.

In spoken French, **c'est parce que** is often shortened to **c'est que**.
Si Michel est parti, **c'est qu**'il est fatigué.

J'ai tellement ri que je suis tombé

J'ai beaucoup ri . . . with the result that . . . Je suis tombé.
L'oiseau a chanté . . . so loud and long that . . . Il est fatigué.

This type of sentence can be rephrased along the following lines, using **tant . . . que** or **tellement . . . que** (*so much . . . that*).

J'ai **tant** ri **que** je suis tombé.
J'ai **tellement** ri **que** je suis tombé.

L'oiseau a **tant** chanté **qu**'il est fatigué.
L'oiseau a **tellement** chanté **qu**'il est fatigué.

. . . avec le mal que j'ai à faire des économies

que used in this way corresponds to *which* or *that*, both of which are often left out in English. In French, however, **que** must never be omitted.

EXERCICES

1

Il **part** ?   Oui, je crois qu'il **partira** bientôt.
Il revient ? ....
Il nous quitte ? ....
Il vous cherche ? ....
Il les apprécie ? ....
Il les invite ? ....

2

Madame Sani ne **voyage** pas ?   Alors nous **ne voyagerons pas non plus.**
La concierge ne lit pas le courrier ? ....
Francis ne quitte pas sa maison ? ....
Michel ne boit pas de cognac ? ....
Emmanuelle ne part pas en vacances ? ....
Didier ne retourne pas au travail ? ....
Lucienne et Jean-François ne sortent
pas ce soir ? ....
François ne s'inquiète pas ? ....

3

Il est soucieux; **il** est malade.   S'il est soucieux, **c'est qu'il** est malade.
Lucienne rit: elle a réussi son examen. ....
Denise dort; elle est fatiguée. ....
Marianne téléphone; elle vient à Chaviray. ....
Michel est en retard; il travaille. ....
Jean-François ne vient pas; il est au cinéma. ....

4

Emmanuelle **chante.**   Emmanuelle est **tellement contente**
qu'elle **chante.**

Denise pleure. ....
Michel bavarde. ....
Jean-François et Sylvie rient. ....
Les Servant offrent à boire. ....
Eléonore et Léonie se parlent. ....

Exercice écrit

Fill in the blanks, using each of the following words twice:

quand   lorsque   puisque   parce que

Denise et le téléphone

.... André me téléphonait, j'étais toujours inquiète .... plusieurs fois déjà il m'a annoncé de mauvaises nouvelles par téléphone. D'ailleurs .... Madame Baudrécourt n'est pas là je n'y réponds pas ! C'est sans doute .... je n'ai pas utilisé le téléphone souvent que j'en ai si peur. Mais .... il faut vivre avec son temps, ... nous aurons de l'argent nous installerons le téléphone chez nous — enfin, ... nous le pourrons, ... il y a des choses encore plus urgentes à acheter !

(Answers on p. 183)

146

22

Gisèle Servant
Joseph Servant
Lucienne Servant

A bright Sunday morning. The Servants have just arrived at their country cottage in Pomet-sur-Choir, where they are planning to make the most of their Sunday and the holiday Monday . . .

Gisèle	Ah! Un peu de soleil, ça fait du bien! Ça sent le renfermé! Il faudra laisser les fenêtres ouvertes toute la journée . . .
Lucienne	Maman! Tu as pris les valises dans le coffre de la voiture?
Gisèle	Non, ce n'est pas moi qui les ai prises — mais je les vois dans le coin du salon, avec tes livres pêle-mêle . . .
Lucienne	Ah! Voilà ce que je voulais savoir . . . je prends ce qui reste dans la voiture, les paniers, la batterie de cuisine, et je vais ranger mes livres!
Gisèle	Joseph! Tu as allumé le chauffe-eau?
Joseph	Non, pas encore. Je l'allumerai dans quelques minutes, quand il y aura moins de courants d'air . . . sinon nous risquons un accident.

Gisèle	Ah? Il y a quelque chose qui ne va pas?
Joseph	Non, pas du tout, tout va bien. Mais il faut être prudent. Je ne veux pas recommencer l'expérience de l'an dernier . . . tu te souviens de l'explosion?
Gisèle	Et comment! D'ailleurs il faudra refaire la peinture dans la salle de bains — même si nous avons décidé de ne pas faire de dépenses ici . . . C'est quand même indispensable!
Lucienne	Après le baccalauréat je viendrai avec Jean-François et Sylvie . . . Nous ferons les travaux dans le grenier, de la peinture surtout.
Gisèle	Ça, c'est une bonne idée. Mais est-ce que Jean-François est adroit? Est-ce qu'il saura enfoncer un clou dans une planche?
Lucienne	Mais bien sûr! Tu sais, l'an dernier il a dû s'occuper des décors pour notre pièce de théâtre, parce qu'il n'y avait personne d'autre!
Joseph	Très bien! Très bien! Voilà qui est intéressant!
Lucienne	Mais en attendant, il y a l'examen . . . Je me mets dehors sur la terrasse pour travailler un peu . . . Maman, je te laisse faire le déjeuner?
Gisèle	Mais oui! Après le bac c'est toi qui nous feras des petits plats!
Lucienne	Hmm! On verra!

Joseph Servant	*Joseph is making the most of his weekend in the country to get in touch with farmers and arrange for supplies for his shop, which is soon going to specialise in country produce. He arrives in front of a farm-house, to be met by an enormous dog . . .*
Un Fermier	

Joseph	Allons, un peu de calme!
Fermier	Allons, Paf! (*à Joseph*) Il n'est pas méchant, mais tout fou, ce chien! Vous êtes Monsieur Servant, je présume!
Joseph	C'est exact!
Fermier	Venez donc à la maison . . . vous goûterez le cidre de la propriété.
Joseph	Oh! Avec plaisir! L'année dernière a été une bonne année, n'est-ce pas?
Fermier	Oh! oui, la meilleure depuis dix ans! Nous avons eu de très bonnes récoltes. Et si l'été prochain est chaud comme prévu, ce sera la même chose! Mais il vaut mieux ne pas faire de projets et attendre . . .
Joseph	Vous avez raison! Il vaut mieux être prudent! Dites donc! J'ai rarement vu un cidre aussi clair, aussi pétillant!
Fermier	Goûtez-le! Vous m'en direz des nouvelles! On m'a dit que c'est le meilleur du pays.
Joseph	Mmm . . . Hmm . . . Très très bon! Vous pourrez m'en vendre quelques bouteilles?
Fermier	Mais certainement! Je regarderai ce qu'il me reste à la cave! Nous le mettons en bouteilles ici et nous le conservons chez nous! Nous visiterons la cave si cela vous intéresse.

Joseph   Mais certainement, merci beaucoup! Comme je vous l'ai dit, je vais transformer mon magasin rue des Galets . . . le petit commerce vendant de tout et de rien a vécu! Il faut se spécialiser, sinon c'est la mort!

Fermier   A propos! C'est vrai, cette histoire d'un supermarché géant sur le terrain de l'usine à gaz?

Joseph   Hélas oui, c'est pour cela que je dois envisager des solutions rapides . . . et prendre des contacts avec le marché régional, car nous ne vendrons désormais que des produits fermiers . . . des produits de meilleure qualité!

Fermier   Si vous voulez bien me suivre, nous allons visiter les réserves. Nous faisons aussi nos confitures et nos rillettes. Et nous produisons les meilleurs fruits de la région — comme chacun sait, n'est-ce pas?

MOTS ET EXPRESSIONS

adroit	clever, skilful (manually)	l'explosion (F)	explosion
allumer	light	le fermier	farmer
le bac	baccalauréat	les produits fermiers	farm produce
la batterie de cuisine	pots and pans	géant	giant
la cave	cellar	le grenier	attic
le chauffe-eau	water-heater, geyser	méchant (chien)	dangerous (dog)
le cidre	cider	pêle-mêle	pell-mell
le clou	nail	personne d'autre	no-one else
le courant d'air	draught	pétillant	sparkling
faire des dépenses	spend money	la planche	plank
enfoncer	drive in, hammer in	comme prévu	according to plan
envisager	envisage, consider	la récolte	harvest
		les réserves	stores
		sinon	otherwise
		se spécialiser	specialise

ça sent le renfermé	it smells stuffy
en attendant	meanwhile
faire des petits plats	cook something nice . . .
vous m'en direz des nouvelles	tell me what you think of it
de tout et de rien	a bit of everything

QUELQUES NOTES SUR LA VIE

La batterie de cuisine

Care and thought goes into equipping a French kitchen — not necessarily with sleek appliances, but most of all with a set of good, solid pots and pans, often traditional designs that have hardly varied for centuries: the essential components are saucepans and stew-pots (**la casserole, la marmite, la cocotte**) omelette pans and frying pans (**la poêle**).

Les rillettes et le cidre

Rillettes, a delicacy produced mainly in the Tours-Le Mans area, is a variation on the pâté theme, made of finely chopped pork cooked slowly in its own fat along with the smaller bones, which ultimately are absorbed into the mixture; it is then chopped once more and worked to a smooth, creamy consistency. **Rillettes** is served as hors-d'œuvre or used to fill sandwiches.

Le cidre is on the whole not very widespread in France, except in the apple-growing areas of Normandy, Brittany and the Limousin, where it is every bit as important as wine is in other parts of the country. There are good and bad years for cider, and some regions and individual producers are more highly considered than others. Each region's cider has its own characteristics — sweetness or dryness, sparkle, etc. — and is looked on with local pride as **le cidre du pays**.

QUELQUES NOTES SUR LA LANGUE

Adjectives

positive	mûr	ripe
comparative	plus mûr	riper
superlative	le plus mûr	ripest

these follow the noun

When the superlative is used, the article must take the number and gender of the noun:

Ces oranges sont mûres.
Celles-ci sont **plus mûres** que les autres: elles sont **plus mûres.**
Voici les oranges **les plus mûres**: ce sont **les plus mûres.**

Bon and **mauvais** have special forms:

bon	mauvais
meilleur	pire
le meilleur (la meilleure etc.)	le pire (la pire etc.)

Note that where English uses *in* (the best in the world) French uses **de**:

C'est le meilleur cidre **de** la région.
C'est la ville la plus belle **du** monde.

and where English uses *for* (the best for 5 years) French uses **depuis**:

C'est le meilleur cidre **depuis** cinq ans.

Il n'y avait personne d'autre

The negative pronouns **personne** and **rien** can be qualified by adding **d'autre,** giving:

| personne d'autre | nobody else |
| rien d'autre | nothing else |

Il me reste du cidre

Many verbs can be used with the impersonal subject **il** (as in il faut). These are usually general verbs like **rester** (*remain*, which becomes *be left* when it is impersonal) or **arriver** (*happen*). Most of them can, like **il faut**, be made more precise by adding a *personal object pronoun*. (See p. 56)

e.g. Il reste du cidre.   There's some cider left.
Il **me** reste du cidre.   *I've* got some cider left.

Il m'en reste neuf. Il ne m'en reste que trois.

En replaces nouns preceded by **de, du, de la, des** (see Lesson 6, p. 50).

e.g. Joseph vend beaucoup **de fruits**.   Joseph **en** vend beaucoup.

When the noun is introduced by numbers or by certain words conveying the idea of quantity (even without **de**), **en** is still used, along the lines of the above example.

Il me reste trois verres.   Il m'**en** reste trois.
Lucienne a pris **plusieurs rôles**.   Elle **en** a pris **plusieurs**.

So: I have *only* three left — Il **ne** m'en reste **que** trois.

EXERCICES

1

La récolte est **bonne**!	C'est **la meilleure** depuis des années!
Le cidre est bon!	....
Le cidre est doux!	....
La saison est chaude!	....
L'été est humide!	....
Le programme est intéressant!	....
Les rillettes sont bonnes!	....

2

Laissez-moi faire le déjeuner!   D'accord! **Je vous laisserai** faire
le déjeuner!

Aidez-moi à écrire cette lettre!	....
Apprenez-moi à parler grec!	....
Dites-moi ce qu'il faut faire!	....
Faites-moi rire de temps en temps!	....
Emmenez-moi aux Îles Kerguélen!	....

3   Je voudrais **dix** œufs, s'il vous plaît.
        Je regrette, il ne m'en reste que **neuf**.

Je voudrais cinq bières, s'il vous plaît.

....

Je voudrais quatre paquets de cigarettes, s'il vous plaît.

....

Je voudrais trois litres d'huile, s'il vous plaît.

....

Je voudrais six kilos de pommes de terre, s'il vous plaît.

....

Je voudrais neuf mètres de ce tissu, s'il vous plaît.

....

4   Nous **faisons** des projets.   Mais il vaut mieux **ne pas faire** de projets!
         Nous buvons de l'alcool.   ....
         Nous pensons à l'avenir.   ....
         Nous sortons tard le soir.   ....
         Nous nous couchons tard.   ....
    Nous travaillons trop longtemps.   ....

Exercice écrit

Complete these sentences along the lines of the example.

Example: téléphoner — inviter des amis
            — **S'il** téléphone, **nous inviterons** des amis.

            faire beau — aller se promener
            pleuvoir — rester à la maison
            rester là — rentrer à Chaviray
            venir — lui donner à boire
            gagner — être riche

                    (Answers on p. 183)

Emmanuelle Baudrécourt
Marianne Jalais

Marianne, the columnist from the glossy magazine 'Marie-Chantal', has just arrived on Emmanuelle's doorstep.

Marianne	Bonjour!
Emmanuelle	Marianne! Tu es plus jeune que jamais . . . Quelle élégance, ma chère. Entre donc! . . .
Marianne	Et toi, comment vas-tu? Oh! cet appartement est très beau! Vraiment *très* beau! Tu es là depuis longtemps?
Emmanuelle	Depuis six mois — nous sommes à Chaviray depuis octobre dernier.
Marianne	Mais Emmanuelle, c'est d'une clarté . . . tout est propre, et si clair!
Emmanuelle	Eh oui, on s'embourgeoise! On devient organisé, on a de l'ordre maintenant!
Marianne	Et Michel? Il sera là bientôt?
Emmanuelle	Je vais lui téléphoner à son bureau . . . Il viendra dès qu'il le pourra, parce qu'il est très pris en ce moment.
Marianne	Quelle vie! On est toujours bousculé par le temps, les rendez-vous, le travail, les voyages . . . Je n'ai plus un moment à moi depuis que je suis à *Marie-Chantal*. Je passe mon temps à voyager . . .

Emmanuelle	Mais au fond tu es ravie, n'est-ce pas?
Marianne	Oui, sans doute, mais certains reportages sont terriblement ennuyeux! Et il y a des réunions de travail interminables.
Emmanuelle	Si tu crois que les réunions de professeurs au lycée Charlotte Corday de Chaviray sont toujours stimulantes . . . ma chère, tu te trompes!
Marianne	Bon! On ne va pas regretter le bon vieux temps, méditer sur le passé! On n'en est pas encore là! Je suis ici pour montrer le dynamisme de Chaviray, l'intérêt de son Festival! . . .
Emmanuelle	Mais tes bagages? Tu n'avais rien quand tu es entrée . . . tu as laissé tes valises quelque part?
Marianne	C'est que . . . je ne suis pas venue seule . . .
Emmanuelle	Ah bon? Raconte! . . .
Marianne	Edouard m'a accompagnée . . . Je suis venue avec lui en voiture.
Emmanuelle	Edouard? Edouard? Edouard Black?
Marianne	Oui! Lui! Tu te souviens de lui?
Emmanuelle	Et comment! On sortait souvent ensemble quand nous étions à la Sorbonne. Mais comment l'as-tu retrouvé?
Marianne	Oh! Tu sais, le monde est petit . . . un congrès de journalistes à New York nous a mis l'un à côté de l'autre! C'est aussi simple que ça!
Emmanuelle	Non, quelle coïncidence! Tu le vois souvent?
Marianne	Depuis son retour à Paris je le vois presque tous les jours.
Emmanuelle	Ah! Il est revenu à Paris?
Marianne	Oui ma chère. Il est là depuis l'été dernier.
Emmanuelle	Mais s'il est venu avec toi, où l'as-tu laissé?
Marianne	Il s'est dépêché de trouver un hôtel . . . car les touristes vont arriver.
Emmanuelle	Mais c'est ridicule! Nous avons de la place! Pourquoi n'est-il pas venu à la maison?
Marianne	Mais . . . tout espoir n'est pas perdu . . . Je suis sûre qu'il téléphonera s'il a des problèmes.
Emmanuelle	Je serai très contente de le revoir. (*téléphone*) Ah! Edouard!

Lucienne Servant *Jean-François* *Sylvie*	*The day the baccalauréat results are due to come out. Any minute now they will post the list at the Lycée Charlotte Corday.*

Jean-François	Lucienne, on va voir les résultats?
Lucienne	Hmm . . . on y va seuls ou on passe prendre Sylvie et les autres au Cinétic?
Jean-François	Oh! Allons-y seuls! On verra les autres assez tôt si on a échoué!
Lucienne	Qu'est-ce que tu feras, toi, si tu es recalé?
Jean-François	Oh, n'y pensons pas! On verra bien.
Lucienne	Oh! là! là! ce que j'ai peur! C'est incroyable! Quand je pense à la tête que feront mes parents quand je vais revenir à la maison, ça me donne envie de rire quand même.

Jean-François	Nous y voilà! Regarde cet attroupement devant l'entrée! On n'y verra rien du tout! Mais quelqu'un nous préviendra sans doute si . . .
Lucienne	Oh, voilà Sylvie qui joue des coudes pour arriver à la liste . . . Appelons-la. Si elle fait semblant de ne pas nous entendre c'est que nos noms ne sont pas sur la liste . . .
Jean-François	Sylvie! Sylvie! Regarde pour Lucienne et pour moi!
Sylvie	C'est fait! Vous y êtes! . . .
Lucienne	Non!
Jean-François	C'est vrai?
Sylvie	Mais oui, c'est sûr! SERVANT, Lucienne — mention *bien*. DURAND, Jean-François, mention *bien*, DUCHÊNE, Sylvie, mention *passable*! . . .
Jean-François	Bravo tout le monde! Venez — on va annoncer la bonne nouvelle! On va prendre un pot au Cinétic.
Lucienne } Sylvie }	Excellente idée!

MOTS ET EXPRESSIONS

l'attroupement (M)	crowd	jouer des coudes	jostle, elbow one's way
bousculer	push		
la clarté	light	méditer	meditate, think over
la coïncidence	coincidence	prévenir (prévenu)	warn
le congrès	congress	être recalé	be failed (exams)
le dynamisme	initiative	la réunion	meeting
échouer	fail	faire semblant de . . .	pretend to . . .
l'élégance (F)	elegance	stimulant	stimulating
s'embourgeoiser	settle down, go all respectable		

c'est d'une clarté	it's so light
il est très pris en ce moment	he's very busy at the moment
le bon vieux temps	the good old days
on n'en est pas encore là!	we haven't got to that stage yet!
tout espoir n'est pas perdu	there's still hope
. . . la tête que feront mes parents	. . . the face my parents will make

QUELQUES NOTES SUR LA VIE

Mention bien – mention passable

These comments, added to examination results, reflect the standard of work produced. **Mention passable** corresponds to the 50%–60% range, **mention assez bien** to 60–70%, **mention bien** to 70–80% and **mention très bien** above 80%. In the baccalauréat it is extremely rare to have **mention très bien**.

QUELQUES NOTES SUR LA LANGUE

Depuis

Depuis can refer to the *duration* of a continuous state of affairs:

Marianne travaille à 'Marie-Chantal' **depuis trois ans**.
Emmanuelle habite Chaviray **depuis huit mois**.

or to *the moment in time when a situation began*.

Marianne est à Chaviray **depuis cet après-midi**.
Emmanuelle habite Chaviray **depuis octobre dernier**.

Note that in these examples the *present tense* is used because it refers to states of affairs which continue up to, and include, the present.

This contrasts with the English *have been* ...... *ing*.

So: *I have been working* here $\begin{cases} \textit{for} \text{ three years} \\ \textit{since} \text{ 1967} \end{cases}$

Je **travaille** ici **depuis** $\begin{cases} \text{trois ans} \\ 1967 \end{cases}$

il viendra dès qu'il le pourra

dès que and **aussitôt que** can be thought of as variants of **quand**, conveying the idea of *immediately*, or *as soon as*. They function in the same way as **quand**, with the same implications for verb tenses. (See Lesson 21, p. 144.)

Nous partirons dès qu'il **viendra**.

NB. **dès** can also introduce a noun:

J'ai commencé mon travail **dès** la rentrée.
Je commencerai **dès** mercredi.

aussitôt can be combined with **après**:

On va au café **aussitôt après** les résultats.

EXERCICES

1   Voilà Sylvie! Elle **va nous voir** sans doute!
           Mais elle fait semblant **de ne pas nous voir**.

Voilà les Guilbot! Ils vont sûrement nous reconnaître!

....

Voilà Jean-François! Il va certainement nous remarquer!

....

Voilà Madame Sani! Elle va certainement le voir!

....

Voilà Eléonore et Monsieur Guilbot! Ils vont certainement se reconnaître!

....

Voilà Francis! Il va certainement être fatigué!

....

2   Je vais demander à Michel **de venir.**   **Il viendra** dès qu'il le pourra.

      Je vais demander à Emmanuelle de téléphoner.   ....

          Je vais demander aux enfants de partir.   ....

        Je vais demander aux filles de s'en aller.   ....

        Je vais demander aux invités de revenir.   ....

        Je vais demander aux Guilbot d'écrire.   ....

3   Denise **a commencé à chanter** il y dix minutes.

              Ah? Elle **chante depuis** dix minutes déjà?

Michel a commencé à travailler chez Cuisinor il y a trois ans.

....

Lucienne et Jean-François ont commencé à sortir ensemble il y a six mois.

....

Emmanuelle a commencé à faire du ski il y a cinq ans.

....

André a commencé à téléphoner il y a vingt minutes.

....

Denise a commencé à travailler chez Francis il y a un an.

....

4   **C'est** difficile d'oublier.   Non, **ce qui est** difficile,

                                     c'est de ne pas oublier.

                  C'est grave de choisir.   ....

                    C'est utile de parler.   ....

                  C'est sérieux de partir.   ....

           C'est fou de recommencer.   ....

                C'est facile de répondre.   ....

         C'est important de s'arrêter.

Exercice écrit

Draw the appropriate conclusions, as in the example.

Example:

Sylvie va nous dire si nous sommes sur la liste.

    — Si **elle** ne nous **dit** rien, c'est que nous **ne** sommes **pas** sur la liste.

Nos parents vont nous dire si nous partons à Avoriaz ....

Madame Baudrécourt va nous dire si nous allons à Paris ....

Monsieur le Directeur va nous dire si nous jouons 'Pharsalie-Plage' ....

Michel va nous dire s'il change de travail ....

Marianne va nous dire si elle aime le journalisme ....

Les invités vont nous dire s'ils aiment le cognac ....

Les professeurs vont nous dire s'ils regrettent le passé ....

Le vieux Monsieur Guilbot va nous dire s'il a revu Madame Sani ....

(Answers on pages 183–4)

Emmanuelle Baudrécourt
Michel Baudrécourt
Marianne Jalais
Edouard Black
Francis Sautier

Everyone has arrived in Chaviray for the Festival, which is to begin with a Son et Lumière at the château. Emmanuelle has invited Francis to dinner with Marianne and Edouard before the show. They are finishing their apéritifs.

Emmanuelle	Marianne, tu as déjà rencontré Francis, n'est-ce pas?
Marianne	Mais des dizaines de fois, ma chère — et toujours avec autant de plaisir!
Francis	Vous êtes plus adorable que jamais, Marianne! La dernière fois que je vous ai vue c'était aux 24 Heures du Mans, n'est-ce pas, l'année dernière — vous vous souvenez?
Marianne	Oui, en effet. C'était passionnant, mais mon Dieu quel bruit!
Francis	Néanmoins nous avons réussi à échanger quelques mots en déjeunant. Vous vous souvenez de ces délicieuses rillettes au Restaurant du Circuit?
Marianne	Mmm! Ce qu'elles étaient bonnes!
Michel	Vous nous donnez faim avec vos souvenirs gastronomiques. On se met à table et devinez . . . on commence par des rillettes!
Emmanuelle	Exactement! Francis se mettra au bout de la table; Marianne entre Francis et Michel, et moi, tout en surveillant la cuisine, je me mettrai à côté d'Edouard. Tu viens à côté de moi, Edouard?

Edouard	Avec plaisir – quel honneur, Emmanuelle!
Michel	Eh bien! Eh bien! Edouard devient galant!
Edouard	Pourquoi pas? Cela m'a pris une dizaine d'années, mais Marianne et le temps aidant, je suis devenu tout à fait civilisé!
Emmanuelle	Pourquoi 'devenu'? Tu l'as toujours été . . . à ta manière, c'est tout!
Edouard	Hmmm . . . à votre santé!
Tutti	A la vôtre! A la nôtre! Au Festival de Chaviray! A nos retrouvailles!

Les mêmes   *. . . dinner is over, the table is cleared, the coffee cups are now empty . . .*

Francis	Bravo, Emmanuelle, le dîner était succulent!
Edouard	Toutes mes félicitations . . . La cuisine française est vraiment extraordinaire!
Emmanuelle	Oh! là! là! Comme vous êtes gentils ce soir!
Marianne	Désolée de rompre le charme, mais le spectacle commence dans un quart d'heure . . .et je serai en retard si vous ne vous dépêchez pas! Edouard, tu as pris le magnétophone et l'appareil de photo?
Edouard	Oui Madame! Tout est là! . . . Nous sommes prêts pour le Son et Lumière de Chaviray!
Michel	Prenez des vêtements chauds car il y a un petit vent frais . . . et autour du château il y a toujours de courants d'air! Inutile de s'enrhumer!
Francis	Mais Michel, vous oubliez que ces dames auront droit aux tribunes officielles qui les protégeront des courants d'air!
Michel	Oh! Mais ces tribunes, on les connaît! Quelques planches clouées tant bien que mal!
Emmanuelle	On verra, on verra!

. . . in the street.

Emmanuelle	Francis, ne prenez pas votre voiture! Vous montez avec nous?
Francis	Je crois que c'est plus simple, en effet!
Marianne	Nous trouverons facilement à garer la voiture, non?
Michel	Oui, oui, le parking est immense – et avec Francis, aucun problème. Il fait partie des personnalités, voyons!
Francis	Oh, ça . . .!
Marianne	Tu pars devant, Michel . . . on te suit parce que nous ne connaissons pas du tout le chemin.
Francis	Et comme chacun sait, à Chaviray les sens interdits ne manquent pas . . . n'est-ce pas, Emmanuelle?
Emmanuelle	Hem! Maintenant, je les connais . . . et ce soir, pas de difficultés: on se dirige vers le château, qui est illuminé – on le voit de partout! Mais on va être en retard!
Michel	Allez, en route! On y va . . .

MOTS ET EXPRESSIONS

civilisé	civilised	passionnant	exciting, thrilling
deviner	guess	protéger	protect
se diriger vers	make for	les retrouvailles	reunion
galant	chivalrous, gallant	rompre (rompu)	break the spell
garer (une voiture)	park (a car)	le charme	
gastronomique	gastronomic	se mettre à table	sit down at table
illuminé	floodlit	succulent	tasty
officiel (lle)	official	la tribune	grandstand

plus adorable que jamais!	even more lovable than ever!
Les 24 Heures du Mans	The Le Mans 24 Hour Race
Marianne aidant	with Marianne's help
le temps aidant	with the help of time
à ta manière	in your own way
à la vôtre! à la tienne! }	your health! — here's to you!
à la nôtre!	here's to us!
le Son et Lumière	Son et Lumière
tant bien que mal	roughly

QUELQUES NOTES SUR LA VIE

Son et Lumière

Almost every historical town in France has its **son et lumière** show during the summer months. Varied floodlighting outside and lighting effects inside the building are synchronised with suitable music and (generally pre-recorded) commentaries; the text is usually constructed round a theme connected with the town or the building in question. The audience sits out of doors on temporary grandstands. The technique was invented in France, so that when it is used in other countries it is generally referred to by its original name: **Le son et lumière.**

Les 24 Heures du Mans

Le Mans is world famous because of its motor-racing circuit. The best known race is the 24 Hour race (**Les 24 Heures du Mans**) for sports prototype cars, sports cars and grand touring cars, which is run non-stop as an endurance test. It is held annually in June.

QUELQUES NOTES SUR LA LANGUE

The Present Participle

The present participle ends with the suffix **-ant**. Generally it can be derived from the **nous** form of the present tense, where it takes the place of the **-ons** ending.

	donner	venir	aller	finir	boire	recevoir
nous	donnons	venons	allons	finissons	buvons	recevons
present participle	donnant	venant	allant	finissant	buvant	recevant

BUT
avoir — ayant
être — étant

Tout en surveillant la cuisine

Two simultaneous actions or states can be linked together by using **en** followed by a present participle:

Je me mettrai à côté d'Edouard. Je surveillerai la cuisine.
Je me mettrai à côté d'Edouard **en surveillant** la cuisine.

To help the rhythm of the sentence **tout** may be added.

Je me mettrai à côté d'Edouard **tout en surveillant** la cuisine.

Now note the following examples:

Nous avons réussi à échanger quelques mots. Nous déjeunions.
Nous avons réussi à échanger quelques mots **en déjeunant**.

Lucienne est partie. Elle a dit au revoir.
Lucienne est partie **en disant** au revoir.

Lucienne est partie. Elle chantait.
Lucienne est partie **en chantant**

NB. The action expressed by the present participle must occupy as least as much time as the other action. Thus it is impossible to say *Lucienne mangeait en disant bonsoir* since this would imply that while eating Lucienne was muttering *bonsoir* non-stop.

EXERCICES

1   Lucienne part; **elle claque** la porte.   Lucienne part **en claquant** la porte.
Monsieur Dugouffre mange; il ouvre la bouche. ....
Michel se dépêche; il descend l'escalier. ....
Edouard s'amuse; il mange des rillettes. ....
Francis lit; il écoute la radio. ....
Marianne s'ennuie; elle assiste à un congrès. ....

2

Francis a déjà vu Marianne à Nice.
    La dernière fois qu'il l'a vue, **c'était** à Nice.

Edouard a déjà mangé des rillettes au Mans.
    ....

Marianne a déjà visité une Maison de la Culture à Grenoble.
    ....

Emmanuelle a déjà vu des Son et Lumière en Italie.
    ....

Jean-François a déjà bu du champagne à la maison.
    ....

Marianne a déjà revu Edouard à New York.
    ....

3

Marianne est adorable, n'est-ce pas?   .C'est vrai, elle est **plus** adorable
    que jamais.
Francis est sympathique, n'est-ce pas?   ....
Michel est sérieux, n'est-ce pas?   ....
Le repas est réussi, n'est-ce pas?   ....
Ils avaient faim, n'est-ce pas?   ....
Les enfants étaient beaux, n'est-ce pas?   ....
Le dîner était succulent, n'est-ce pas?   ....

4

Ils se retrouvent – ils **rient**.   Ils se retrouvent **en riant**.
Ils partent – ils courent.   ....
Ils s'en vont – ils chantent.   ....
Ils se disent au revoir – ils partent.   ....
Ils tombent – ils font du ski.   ....
Ils se parlent – ils lisent des romans.   ....
Ils se regardent – ils sourient.   ....

5

Vous lisez des romans?   Non, pas pour le moment,
    mais plus tard **je lirai** des romans.
Vous buvez du vin?   ....
Vous faites du ski?   ....
Vous commandez vos provisions?   ....
Vous voyagez beaucoup?   ....
Vous acceptez ce travail?   ....

Exercice écrit

So many things to be done, and so many problems! Write sentences to show that you'll do things when the problems are removed, as in the example.

Example:

Il faut allumer le chauffe-eau mais il y a des courants d'air.
   J'allumerai le chauffe-eau **quand il n'y aura plus** de courants d'air.

Il faut peindre le grenier mais il y a des caisses partout.

....

Il faut partir mais il y a des invités.

....

Il faut travailler mais il y a du bruit.

....

Il faut refaire la peinture mais il y a des clous dans le mur.

....

Il faut se mettre à table mais il y a des livres partout.

....

Il faut partir en vacances mais il y a l'examen.

....

Il faut transformer le magasin mais il y a des problèmes.

....

(Answers on p. 184)

Le Secrétaire d'Etat
Le Directeur

The opening ceremony at the Maison de la Culture. Everybody who is anybody in Chaviray is there (including, naturally, everyone we have met). The speeches have just begun.

Directeur   Le Secrétaire d'Etat aux Affaires Culturelles!

Secrétaire   Messieurs, Mesdames, Chaviréens, chers amis . . . Toute inaugura-
d'Etat   tion est un espoir, un départ, et je suis heureux de donner à Chaviray la Maison de la Culture qu'elle mérite, d'autant plus heureux que toute la ville a montré une énergie et un dynamisme particulièrement remarquables.

Ni les difficultés financières, ni les aléas de l'administration, ni le récent incendie n'ont réduit la volonté profonde des Chaviréens d'avoir une Maison de la Culture digne de leur ville, digne de leur passé, digne de leur futur, digne de leur jeunesse! Merci à Monsieur le Maire, nous devons tous reconnaître et louer son efficacité et son dévouement, merci à Monsieur Sautier, qui a réparé le désastre causé par l'incendie, merci à tous ceux qui, de près ou de loin, ont prêté leur concours à cette belle réalisation.

Vive Chaviray!

Emmanuelle Baudrécourt		André Guilbot
Francis Sautier		Marianne Jalais
Lucienne Servant		Le Directeur
Monsieur Guilbot père		

After the opening ceremony and a special gala performance of 'Pharsalie-Plage', a huge party in the foyer of the Maison de la Culture . . .

Marianne	Voici l'étape finale du Festival de Chaviray . . . Tu sais que je l'ai trouvé très intéressant! Le 'Son et Lumière' était *très réussi*! Tout était très bien coordonné, très bien mis en scène! C'était techniquement parfait!
Francis	Même à Chaviray les choses ne vont pas si mal, n'est-ce pas?
Marianne	Mais Francis, vous ne nous avez pas dit que vous étiez l'auteur des fresques! Quelles merveilles!
Francis	Oh . . .
Marianne	Si, vraiment!
Francis	Bof! . . . Et *Pharsalie-Plage* — vous avez aimé?
Marianne	Mais oui, énormément! Je n'arrive pas à croire que ce sont des jeunes gens de dix-huit ans qui ont écrit ce texte. Emmanuelle les a aidés, je le sais, mais c'est surtout leur travail, et c'est plein de promesse!
Emmanuelle	Marianne, voici Lucienne et Jean-François! Ce sont eux qui ont pris toute la responsabilité dans le groupe dramatique. Et de plus, ils viennent tous les deux d'avoir leur baccalauréat avec mention bien!
Marianne	Bravo! Toutes mes félicitations! Envoyez-moi le manuscrit de *Pharsalie-Plage* — je travaille à *Marie-Chantal* et je m'arrangerai pour faire publier votre pièce . . . si ça vous intéresse. Si vous venez à Paris, venez me voir au journal, Place de la Concorde; mon nom est Marianne Jalais.
Lucienne	D'accord! Nous allons justement à Paris dans quelques jours.
Emmanuelle	Très bien. Lucienne, voilà votre père . . . il est content?
Lucienne	Fier surtout — c'est normal! Cela lui rappelle sa jeunesse, quand il s'occupait lui aussi de théâtre et d''Animation culturelle' avant la lettre!
André	Bonsoir Madame Baudrécourt!
Emmanuelle	Ah, bonsoir Monsieur Guilbot!
André	Quelle belle soirée, n'est-ce pas? Tout a vraiment très bien marché . . . mais vous ne connaissez pas mon père?
Emmanuelle	Non, pas encore, mais je suis ravie de vous rencontrer, Monsieur.
M. Guilbot	Vous êtes trop aimable, chère Madame, tout le plaisir est vraiment pour moi! Je ne suis là qu'en qualité de président de l'Amicale des anciens marins de Chaviray — mais vous, c'est différent! Vous avez participé activement à toutes ces réalisations!
Emmanuelle	Oh non! Pas vraiment! On y travaille depuis des années. Vous savez, les jeunes gens ont beaucoup d'énergie, tant d'imagination

et de volonté! Tout ça, ça a commence avec leurs pièces de théâtre. Et le directeur est si dynamique!

(*Musique: le directeur bat des mains pour avoir le silence*)

Directeur   Mes chers amis, nous devons bientôt nous séparer, mais d'abord élevons notre verre à la Maison de la Culture, à nos artistes, à notre jeunesse!

Tutti   Bravo!

Francis   Et au prochain Festival de Chaviray! Et à nos visiteurs, nous disons: Revenez l'année prochaine! Rendez-vous à Chaviray!

MOTS ET EXPRESSIONS

l'aléa (F)	setback	financier (ière)	financial
l'Amicale	Friendly Club	louer	praise
l'auteur (M)	author	mériter	merit, deserve
coordonné	coordinated	profond	deep
le dévouement	devotion	publier	publish
digne	worthy	la réalisation	achievement
l'efficacité (F)	efficiency	la responsabilité	responsibility
l'énergie (F)	energy	se séparer	break up
l'étape (F)	stage, lap	la volonté	determination
fier (fière)	proud		

d'autant plus . . . que	all the more . . . because
Monsieur le Maire	Mayor
prêter son concours	collaborate
c'est plein de promesse!	it's very promising!
l'Animation culturelle	organising cultural activity
avant la lettre	'before the letter' — before it was called that

QUELQUES NOTES SUR LA LANGUE

Tout

Tout can function as an adjective, a pronoun or an adverb.

1 adjective:

	m	f
singular	tout	toute
plural	tous	toutes

These forms are used in combination with the definite article:

le vin — **tout** le vin   les garçons — **tous** les garçons

la ville — **toute** la ville   les filles — **toutes** les filles

tout or **toute** can also be used without the article to convey the idea of *every* – this is a feature of formal or elegant speech:

Toute inauguration ⎫
Tout commencement ⎬ est un espoir . . .

2 pronoun (in the plural):

Tous les garçons mangeaient – **tous** mangeaient.
Il n'y a plus de gâteaux – je les ai **tous** mangés.
Toutes les filles étaient la – **toutes** étaient là.

NB. When **tous** is used as a pronoun the final **s** is *always* pronounced (thus rhyming approximately with English *loose*).

In the singular the only form used is **tout**, corresponding to *everything*: **tout** est fini.

3 adverb

tout, which is a reduced form of **tout à fait**, is used with adjectives. It is invariable **except** when the adjective is feminine and begins with a consonant; then **toute** is used.

La terre est tout étrange.
but   La terre est toute rouge.

ni . . . ni

is used to reinforce the negative, more particularly when it has to be repeated.

e.g.   J'aime le vin. J'aime la bière.
= J'aime le vin et la bière.

Je n'aime pas le vin. Je n'aime pas la bière.
= Je n'aime **ni** le vin **ni** la bière.

ni . . . ni takes the place of **pas**, which normally occurs only once in any sentence.

ni never occurs alone; either it occurs twice, or it can accompany certain negatives such as **jamais** or **rien** (but *not* **pas**).

e.g.   Je ne vais jamais à Paris. Je ne vais jamais à Tours.
= Je ne vais **jamais** à Paris **ni** à Tours.

Je n'ai rien vu. Je n'ai rien entendu.
= Je n'ai **rien** vu **ni** entendu.

NB. **ni** . . . **ni** corresponds to *neither* . . . *nor*.
not . . . *either* is rendered by **ne** . . . **pas non plus**.

EXERCICES

1

Les jeunes gens étaient fiers, n'est-ce pas?
Oui, **tous** étaient très fiers.

Les réceptions étaient réussies, n'est-ce pas?

....

Les personnalités étaient sympathiques, n'est-ce pas?

....

Les Chaviréens étaient contents, n'est-ce pas?

....

C'était très bien, n'est-ce pas?

....

C'était splendide, n'est-ce pas?

....

2

C'est avec Sylvie ou avec Lucienne que vous sortez?
Ah! Ah! Je ne sors **ni** avec Sylvie **ni** avec Lucienne!

C'est à Tours ou à Paris que vous allez?

....

C'est mardi ou mercredi que vous partez?

....

C'est de l'eau ou de la vodka que vous buvez?

....

C'est à Gisèle ou à Denise que vous téléphonez?

....

C'est par le train ou en voiture que vous voyagez?

....

3

Mais il n'y a plus de **vin**! Qui l'a bu?   Moi. Je l'ai **tout** bu.
Mais il n'y a plus de gâteaux! Qui les a mangés?   ....
Mais il n'y a plus de vodka! Qui l'a bue?   ....
Mais il n'y a plus d'aquarelles! Qui les a prises?   ....
Mais il n'y a plus de cigarettes! Qui les a fumées?   ....
Mais il n'y a plus d'argent! Qui l'a dépensé?   ....
Mais il n'y a plus de journaux! Qui les a brûlés?   ....

4

Les Chaviréens étaient nombreux.   Ils étaient **tous** là.
Les personnalités étaient nombreuses.   ....
Les jeunes gens étaient nombreux.   ....
Les parents étaient **très fiers.**   ....
Les professeurs étaient contents.   ....
Les filles étaient tout à fait charmantes.   ....
Les voisins étaient extraordinairement aimables.   ....

5   La ville est illuminée; les Chaviréens sont heureux.
       La ville est **tout** illuminée; **tous** les Chaviréens sont heureux.
     Marianne est étonnée; le travail a été fait par des jeunes.

     ....

     Francis est intimidé; les fresques ont eu beaucoup de succès.

     ....

     Emmanuelle est ravie; les représentations ont marché.

     ....

     Monsieur le Directeur est fier; les Chaviréens ont beaucoup travaillé.

     ....

     Monsieur Servant est content; les amis de Lucienne sont dynamiques.

     ....

Exercice écrit

Fill in the blanks with **tout, toute, tous** or **toutes.**

.... les Chaviréens sont heureux! .... s'est très bien passé, ... les réalisations ont été appréciées. D'ailleurs, pendant .... la soirée Monsieur le Directeur a reçu des félicitations, ... le monde lui faisait des compliments! Il était ému, ... fier. .... ceux qui aimaient la jeunesse et les arts étaient contents. Marianne était elle-même .... étonnée! Elle était même .... prête à inviter Jean-François et Lucienne à Paris et eux étaient .... contents d'accepter l'invitation.

.... est bien qui finit bien, et .... ce travail est une merveille! Donc, l'an prochain .... le monde se retrouvera à Chaviray. Nous irons .... à Chaviray!

(Answers on p. 184)

GRAMMAR TOPICS

Lesson 1   h aspirate
            Articles: Definite and Indefinite
            Adjectives: number, gender and position
            Indefinite articles with adjectives
            Verbs: Present tense
            Questions: Intonation, *Est-ce que?*
            inversion, *n'est-ce pas?*
            ici/là, voici/voilà, je suis ici/je suis là

Lesson 2   **Pronouns**: Use of *tu*
            Articles: *du sucre, de l'huile*
            (partitive article)
            Demonstrative adjectives and pronouns (1)
            Verbs: Perfect tense with *avoir*

Lesson 3   **Pronouns**: Demonstrative pronouns (2)
            Verbs: Perfect Tense with *être*
            Negatives: *ne . . . pas* (*de*)

Lesson 4   **Prepositions**
            Possessives: adjectives and pronouns;
            stressed forms
            Adverbs: formation and position

Lesson 5   **Pronouns**: direct and indirect object
            (with present and perfect tenses and imperatives)

Lesson 6   **Pronouns**: *y, en; moi, je . . .; on* = one
            Verbs: *Il faut* (with nouns and verbs)

Lesson 7   **Pronouns**: order of object pronouns
            Verbs: *Il faut* (2)
            Pronoun: *on* = they

Lesson 8   **Verbs**: pronominal verbs: present,
            perfect, imperative
            Pronoun: *on* = *nous*/somebody

Lesson 9 Pronouns: *moi* etc. (stressed object)
prepositions introducing pronouns
Verbs: imperfect tense — formation
Si!

Lesson 10 **Verbs**: imperfect tense (use, contrasted
with perfect)
Negatives: *jamais, plus, rien, nulle part,
aucun, personne, ne . . . que, non plus*

Lesson 11 **Emphasis**: *c'est . . . qui*
Prepositions: with the infinitive

Lesson 12 **Questions**: *qui, quand, pourquoi,
comment, combien, où*
Numbers and years
Verbs: *vouloir, pouvoir* etc. (use)

Lesson 13 **Noun clauses**: *que: croire que . . .* etc.
Adverb clauses: *quand* (time)

Lesson 14 **Adjective Clauses**: *qui, que . . .*
introducing adjective clauses,
comparisons; *plus . . . que,
moins . . . que, aussi . . . que*
Numbers: fractions

Lesson 15 **Pronouns**: *n'importe qui, n'importe quoi,* etc.
Questions: *quel?*

Lesson 16 **Pronouns**: *lequel, laquelle*
Prepositions with place names

Lesson 17 **Verbs**: agreement of past participle
future: *aller* — infinitive

Lesson 18 **Numbers**: *une dizaine,* etc.
Pronouns: *ce qui, ce que;
Ce que* introducing exclamations
Verbs — infinitive
Adjectives: position of *dernier*

VERBS WITH SPECIAL FORMS

Below is a list of some of the more common verbs with special forms in the present tense.

NB. For **avoir, être, faire, mettre** and **connaître** see p. 13. For the formation of the present participle see p. 161, for the imperfect tense see p. 67, and for the future p. 138.

aller

je	vais
tu	vas
il/elle	va
nous	allons
vous	allez
ils/elles	vont

boire

je	bois
tu	bois
il/elle	boit
nous	buvons
vous	buvez
ils/elles	boivent

dire

je	dis
tu	dis
il/elle	dit
nous	disons
vous	dites
ils/elles	disent

écrire

j'	écris
tu	écris
il/elle	écrit
nous	écrivons
vous	écrivez
ils/elles	écrivent

se lever

je	me	lève
tu	te	lèves
il/elle	se	lève
nous	nous	levons
vous	vous	levez
ils/elles	se	lèvent

ouvrir

j'	ouvre
tu	ouvres
il/elle	ouvre
nous	ouvrons
vous	ouvrez
ils/elles	ouvrent

partir

je	pars
tu	pars
il/elle	part
nous	partons
vous	partez
ils/elles	partent

pouvoir

je	peux
tu	peux
il/elle	peut
nous	pouvons
vous	pouvez
ils/elles	peuvent

prendre

je	prends
tu	prends
il/elle	prend
nous	prenons
vous	prenez
ils/elles	prennent

recevoir

je	reçois
tu	reçois
il/elle	reçoit
nous	recevons
vous	recevez
ils/elles	reçoivent

savoir

je	sais
tu	sais
il/elle	sait
nous	savons
vous	savez
ils/elles	savent

se sentir

je me	sens
tu te	sens
il/elle se	sent
nous nous	sentons
vous vous	sentez
ils/elles se	sentent

servir

je	sers
tu	sers
il/elle	sert
nous	servons
vous	servez
ils/elles	servent

sortir

je	sors
tu	sors
il/elle	sort
nous	sortons
vous	sortez
ils/elles	sortent

suivre

je	suis
tu	suis
il/elle	suit
nous	suivons
vous	suivez
ils/elles	suivent

venir

je	viens
tu	viens
il/elle	vient
nous	venons
vous	venez
ils/elles	viennent

voir

je	vois
tu	vois
il/elle	voit
nous	voyons
vous	voyez
ils/elles	voient

vouloir

je	veux
tu	veux
il/elle	veut
nous	voulons
vous	voulez
ils/elles	veulent

NUMBERS

1	un, une	28	vingt-huit
2	deux	29	vingt-neuf
3	trois	30	trente
4	quatre	31	trente-et-un
5	cinq	32	trente-deux
6	six	40	quarante
7	sept	50	cinquante
8	huit	60	soixante
9	neuf	70	soixante-dix
10	dix	71	soixante-et-onze
11	onze	72	soixante-douze
12	douze	73	soixante-treize
13	treize	77	soixante-dix-sept
14	quatorze	80	quatre-vingts
15	quinze	81	quatre-vingt-un
16	seize	82	quatre-vingt-deux
17	dix-sept	90	quatre-vingt-dix
18	dix-huit	91	quatre-vingt-onze
19	dix-neuf	99	quatre-vingt-dix-neuf
20	vingt	100	cent
21	vingt-et-un	101	cent un
22	vingt-deux	200	deux cents
23	vingt-trois	201	deux cent un
24	vingt-quatre	300	trois cents
25	vingt-cinq	1,000	mille
26	vingt-six	2,000	deux mille
27	vingt-sept		

NB. For ordinals and fractions, see p. 137.

KEY TO EXERCISES

1

1. Voilà une résidence; un; des; des; un; une; une; des.

2. Voici les haricots; la; le; les; l'; la.

3. Non, c'est l'appartement de l'ingénieur; du professeur; d'Emmanuelle; du monsieur; des professeurs; de la dame; des Servant.

4. Gisèle parle au professeur; à l'ingénieur; à la dame; aux filles; au monsieur; aux Baudrécourt; à la concierge.

Exercice écrit: Il est bon. Il est mauvais. Elle est belle. Elles sont vertes. Ils sont nouveaux. Elles sont tranquilles. Elle est vieille. Elle est moderne. Elles sont cassées. Elle est faite. Ils sont excellents. Elle est grande.

2

1. Ah oui, je voudrais du café; de la salade; de l'huile; de la bière; de l'alcool; du cognac; de l'eau; de la limonade; de l'aspirine.

2. Ah non, je ne veux pas cette huile; cette bouteille; ces citrons; ce sucre; ces oranges.

3. Vous connaissez ce professeur? cet ingénieur? cette fille? ces élèves? ces jeunes filles?

4. C'est celui-ci ou celui-là? celle-ci ou celle-là? celle-ci ou celle-là? Ce sont ceux-ci ou ceux-là? ceux-ci ou ceux-là? celles-ci ou celles-là?

5. Elle a rencontré Monsieur Guilbot l'an dernier; elle a connu; j'ai acheté; j'ai essayé; j'ai passé.

Exercice écrit: cette boutique est moderne mais celle-ci est vieille; cet/cette élève est excellent/excellente mais celui-ci/celle-ci est bavard/bavarde (élève is M. or F.); cet ingénieur est charmant mais celui-ci est beau; cet homme est difficile mais celui-ci est aimable; cette boîte est ordinaire mais celle-ci est bizarre; cette huile est bonne mais celle-ci est excellente; ces élèves sont jeunes mais ceux-ci/celles-ci sont grands/grandes; ces citrons sont acides mais ceux-ci sont verts; ces oranges sont sucrées mais celles-ci sont juteuses; cette concierge est aimable mais celle-ci est belle.

3

1. Non, c'est celui d'Emmanuelle; c'est celui de Pierre; c'est celle d'André; ce sont celles de Francis; ce sont celles de Joseph; ce sont ceux de Michel; c'est celle de Gisèle; c'est celui de Lucienne.

2. Je n'écris pas la lettre; vous ne prenez pas; vous ne voyez pas; elle n'enseigne pas; nous n'achetons pas; je ne reçois pas; il ne quitte pas.

3. Elle est partie au lycée ce matin; ils sont partis; elles sont parties; elle est restée; il est resté; elles sont restées; ils sont restés.

4. Mais hier vous n'êtes pas venu(s) au lycée; vous n'êtes pas parti(s); il n'est pas arrivé; elle n'est pas revenue; elle n'est pas allée; nous ne sommes pas montés; ils ne sont pas venus; elles ne sont pas descendues; ils ne sont pas allés.

5. Non je n'ai pas d'oranges; d'appartement; de fauteuils; de fille; de livres; de plan.

Exercice écrit: Aujourd'hui Michel est parti..........je suis allée..........J'ai laissé.......... je suis entrée..........J'ai trouvé..........je suis sortie..........Je n'ai pas vu..........J'ai regardé..........j'ai retrouvé..........je suis repartie..........j'ai perdu..........Je suis passée ....j'ai tourné..........j'ai attendu..........j'ai visité..........je n'ai pas vu..........je suis arrivée..........J'ai arrêté..........je suis descendue..........un monsieur m'a montré.......... je suis quand même arrivée.
P.S. Francis a trouvé..........il a été..........il m'a acheté.

4   1. Elle cherche son porte-monnaie et ses allumettes; vous..........votre..........vos; ils..........leur..........leurs; nous..........notre..........nos; il..........son..........ses; elles..........leur ....leurs.

2. C'est bien le nôtre? le leur? la leur? Ce sont bien les vôtres? les leurs? les leurs?

3. J'ai trouvé son chapeau – oh pardon! Ce n'est pas le sien; sa maison..........la sienne; son porte-monnaie..........le sien; leur boutique..........la leur; leurs boîtes.......... les leurs; leur appartement..........le leur.

4. Oui, ce sont les miennes, elles sont à moi; c'est la mienne..........elle est à moi; c'est le vôtre..........il est à vous; c'est la vôtre..........elle est à vous; ce sont les vôtres ....ils sont à vous.

5. Non, les œufs ne sont pas sur la table; ne sont pas sous les coussins; sont entre les bols; sont avec les bouteilles; sont chez la concierge..........les œufs ne sont pas à gauche de la table; ne sont pas à côté des légumes; sont à l'extérieur de la cuisine; sont derrière la caisse.

Exercices écrits

1. sur les caisses (sous les bouteilles); devant les caisses (derrière les paquets de sucre); entre les caisses (à côté des petits pois); contre/au milieu de la vitrine; à gauche des bananes; à droite des bananes; à l'extérieur de sa boutique.

2a. le mien; les miens; les miennes; le mien; la mienne; les miennes.

2b. le vôtre; les vôtres; les vôtres; le vôtre; la vôtre; les vôtres.

5   1. La voilà; les voilà; la voilà; le voilà; les voilà; le voilà; la voilà; les voilà.

2. Elle lui téléphone; lui parle; leur écrit; lui parle; leur téléphone; leur écrit.

3. Oui, je lui parle; je leur téléphone; je les connais; je l'attends; je lui écris; je les achète.

4. Alors, écrivez-la ce soir; achetez-les; envoyez-le. Alors parlez-lui ce soir; parlez-leur; téléphonez-leur. Alors écrivez-moi ce soir; attendez-moi; emmenez-moi.

Exercice écrit: Lucienne est contente – cette visite l'a intéressée. Francis est content – cette visite l'a intéressé. Les enfants sont contents – cette visite les a intéressés. Nous sommes contents – cette visite nous a intéressés. Vous êtes content(s) – cette visite vous a intéressé(s). Les élèves sont contents – cette visite les a intéressés.

6   1. Vous y montez? Non, j'en descends. Vous y allez? Non, j'en reviens. Vous y entrez? Non, j'en sors. Vous y arrivez? Non, j'en pars. Vous y passez? Non, j'en reviens. Vous y passez? Non, j'en reviens.

2. Oui, j'en achète; j'en ai; j'en ai pris; j'en ai bu; j'en ai cherché; j'en ai trouvé.

3. C'est vrai, il faut y monter; y descendre; y chercher; y penser; y penser; y penser.

4. Dans une ville il faut une Maison de la Culture; un..........une; un..........des; un..........des; une..........une; une..........un; une..........des.

Exercice écrit: Elle ne les a pas vendues. Il ne les a pas servis. Elle ne l'a pas vue. Il ne les a pas prises. Elle ne l'a pas fermée. Elle ne l'a pas entendue. Elle ne l'a pas invité. Il ne les a pas chantées. Elle ne les a pas racontées.

7   1. Moi, je passe le dimanche à Chaviray; moi, je suis allé; moi, je voudrais; moi, j'ai; moi, j'ai rencontré; moi j'ai toujours travaillé.

2. Oui, il le lui a donné; il la lui a donnée; il le leur a donné; il la leur a donnée; il le leur a donné; il les lui a montrés; il les lui a montrés; il les leur a montrés; il les leur a montrés.

3. Alors, donnez-la-lui; donnez-le-lui; donnez-les-lui; donnez-le-leur; donnez-la-leur; donnez-les-leur; donnez-les-lui.

4. Il faut les lui donner; les lui; le lui; la lui; la lui; le lui.

Exercice écrit: Il faut le leur donner; le leur donner; la lui offrir; les leur acheter; les leur offrir; les leur vendre; le lui raconter; la leur présenter; la leur montrer.

8

1. Gisèle en a parlé; s'en souvient; s'en est souvenu; s'en est plaint; s'en est plainte; en a besoin.

2. Oui, il faut s'installer maintenant; s'organiser; se calmer; s'endormir; s'adapter; se reposer.

3. Alors, je me calme; je m'adapte; je m'endors; je me lève; je me repose; je m'organise.

4. Oui, il s'est déjà habitué; il s'est déjà trompé; ils se sont déjà installés; il s'est déjà couché; elles se sont déjà rencontrées; ils se sont déjà disputés; ils se sont déjà organisés.

5. Alors, reposez-vous; endormez-vous; couchez-vous; installez-vous. Eh bien, ne vous couchez pas; ne vous endormez pas; ne vous reposez pas.

Exercice écrit: Gisèle ne se dispute jamais avec ses filles. Lucienne ne se dispute jamais avec ses parents. Les parents ne se disputent jamais avec leurs enfants. Les élèves ne se disputent jamais avec leurs professeurs. Vous ne vous disputez jamais avec vos voisins. Nous ne nous disputons jamais avec nos commerçants. Ils ne se disputent jamais avec leurs amis.

9

1. Parlez-moi de vos projets; donnez-moi; louez-moi; montrez-moi; attendez-moi; présentez-moi; répondez-moi.

2. J'étais chez moi; ils étaient chez eux; nous étions chez nous; elles étaient chez elles; vous étiez chez vous; elle était chez elle.

3. Je suis venu avec elle; sans lui; à côté de lui; derrière lui; avec elle; à gauche de lui; devant nous; entre eux; devant eux; à côté de moi.

4. Non, mais l'an dernier elle le rencontrait toutes les semaines; il en faisait; il y partait; elle leur téléphonait; il la quittait; elle y venait; il se trompait.

5. Mais vous l'attendiez déjà hier; vous la regardiez; vous la racontiez; vous les rencontriez; vous lui parliez; vous lui téléphoniez; vous les observiez.

6. Autrefois les filles étaient sentimentales; étaient; n'allaient pas; n'allait pas; ne voyageait pas; n'était pas.

Exercices écrits:

1. j'étais .... venait .... venait .... apportait .... racontait .... jouais .... écoutait .... aimaient.

2. partais .... étaient .... partions .... descendions .... courions .... construisait .... étais .... venait .... était.

10

1. Si, il connaissait ses clients autrefois. Mais maintenant il ne les connaît plus; utilisait .... elle ne l'utilise plus; jouait .... il n'y joue plus; voyait .... elle ne la voit plus; allait .... elle n'y va plus.

2. Moi aussi, si on mangeait maintenant? si on en achetait .... ? si on lui parlait ..... ? si on le regardait .... ? si on y montait .... ? si on s'arrêtait .... ?

3. Non, je ne vais nulle part; je ne chante jamais; je n'achète rien; je n'y vais jamais; je ne parle à personne; je ne les ai trouvés nulle part; je n'ai rien.

4. Autrefois ils parlaient encore plus rapidement; il chantait; elle se sentait; elle se trompait; il jouait; il se sentait.

5. Ah! Vous m'y avez vu ? (same throughout).

Exercice écrit: Oui, je disais que Monsieur et Madame Servant s'inquiétaient; que Lucienne partait; que les vacances commençaient; que les adolescents rêvaient; que Madame Sani riait; que Monsieur Sautier voyageait; que les voisins déménageaient.

11

1. Oui, je lui écrivais et c'était amusant; je lui répondais; je lui téléphonais; je les calmais; je l'écoutais; je l'excusais; je la voyais; je la racontais.

2. C'était moi qui faisais du ski; c'était nous qui restions; c'était lui qui lisait; c'était vous qui buviez; c'était eux qui partaient; c'était elles qui se reposaient.

3. Oui, je les ai vus il y a dix minutes; je lui ai écrit..........deux jours; j'y suis allé.......... deux semaines; je l'ai vendue..........trois jours; je l'ai terminée..........une heure.

4. Oui, il était facile de monter cette tour; il était facile de construire cette maison; il était facile de transformer ce magasin; il était facile de descendre cette piste; il était facile de retrouver cet endroit.

5. C'était difficile mais ils skiaient quand même; ils jouaient; ils se levaient; ils se servaient; ils se rencontraient; ils s'endormaient.

Exercice écrit: nous devions lui téléphoner; ils devaient leur écrire; elle devait nous inviter; ils devaient lui parler; elles devaient s'adresser à eux; il devait les y recevoir.

12

1. En effet, il n'était pas difficile de mettre ces chaussures; il n'était pas difficile de.......... (throughout).

2. Je voulais y aller mais je ne peux pas; partir aujourd'hui; en faire; leur téléphoner; les voir.

3. Quand est-ce que vous êtes arrivé?; combien est-ce que vous avez payé?; quand est-ce qu'il a téléphoné?; comment est-ce que vous êtes venu?; comment allez-vous? Où est-ce que vous avez acheté les fruits?

4. Il est né en dix-neuf cent soixante-dix; elle est née en dix-neuf cent trois; elle est née en dix-neuf cent cinquante-deux; il est né en dix-huit cent quatre-vingt-cinq.

5. C'est Yvette qui est tombée dans la neige; c'est Raymond qui l'a vue; c'est vous qui l'avez aidée; c'est Armand qui attend..........; c'est Tante Léonie qui va..........

Exercices écrits:

1.		2.		3.	
	119		1,300		22,000
	497		741		4,865
	903		99		91
	2,758		371		1,116
	876		1,489		3,041
cinq mille cent cinquante-trois		quatre mille		trente-et-un mille cent treize	

13

1. Elle croyait que le grand-père était sympathique; que Madame Sani était bizarre; qu'elle avait raison; que c'était évident.

Elle a dit que Léonie parlait trop; que Madame Sani était innocente; que le grand-père était sans pitié.

Il était persuadé que ses chansons étaient amusantes; que c'était une plaisanterie; que tout le monde aimait ses chansons; que tout allait bien se terminer.

2. Mais devant les voisins il n'a pas chanté!; ils n'ont pas joué; elles n'ont pas ri; elle ne s'est pas plainte; il ne s'est pas endormi.

3. Alors, ça fait dix francs; douze francs; vingt-cinq francs; vingt francs; vingt-deux francs; trente-cinq francs.

4. Ils coûtaient cinquante francs; je les ai payés quinze francs; il coûtait soixante-dix francs; je l'ai payé quarante-cinq francs; il coûtait dix-huit francs; je l'ai payé sept francs; il coûtait cent francs; je l'ai payé cinquante-cinq francs; elles coûtaient vingt-huit francs; je les ai payées cinq francs; elle a économisé 154 francs.

Exercice écrit: Autrefois, j'achetais beaucoup de vêtements, d'ailleurs je découvrais des soldes intéressants. Je ne travaillais pas beaucoup, je rencontrais des amis, je prenais des vacances, je lisais des livres amusants. La vie était très agréable!

14

1. Oui, c'était Joseph qui choisissait les fruits; c'était Michel qui...........; c'était Lucienne qui...........; c'était Jean-François qui...........; c'était Sylvie qui...........; c'était Félix qui...........

2. C'est le garçon que j'appelle; la bouteille que; le vin que; le cinéma que; le prix que; la voiture que.

3. Au contraire, c'est en janvier que les soldes sont les plus intéressants; c'est chez les Servant que les légumes sont les plus chers; c'est en Grande-Bretagne que le vin est le plus cher; c'est à Nice que le temps est le plus agréable; c'est à la mer que la température est la plus douce.

4. Oui, c'est bien Lucienne qui parle à la concierge; ce sont...........qui; ce sont........... qui; ce sont...........qui; ce sont...........qui; c'est...........qu'.

Exercices écrits:

1. plus grosse que; moins grosse que; plus aimable que; moins aimable que; moins gaie que; plus gaie que; aussi bizarre que; aussi bizarre que; plus élégante que; moins élégante que.

2. que; qu'; qui; qu'; qui; qui; qui.

15

1. C'est plus, voyons!; moins; moins; plus; moins.

2. Quelqu'un a frappé? Je n'ai rien entendu!; a appelé?; a parlé? Quelqu'un est venu? je n'ai vu personne!; est arrivé?; est descendu?

3. D'accord, je lis la lettre qui est sur la commode; j'achète les...........qui; j'essaie les........... qui; je regarde le...........qui; j'utilise la...........qui.

4. Mais non, ce ne sont pas celles que j'aime; ceux que je cherchais; ceux que j'ai choisis; ce n'est pas celle que j'utilise; celle que je préfère.

Exercice écrit: Quand; qui, qu'; qui; qui; qu'; quand; pourquoi; quel; comment; qui; quand; qui.

16

1. C'est un ami que j'appelle; un camarade que; un voisin que; un ingénieur que; un médecin que; une amie que j'ai invitée.

2. Non, je reste à Boulogne; en France; en Italie; aux Etats-Unis; au Havre; dans les Alpes; en Normandie.

3. Lequel? Celui-ci ou celui-là?; lesquels? ceux-ci ou ceux-là?; lesquels? ceux-ci ou ceux-là?; lequel? celui-ci ou celui-là; laquelle? celle-ci ou celle-là; lesquelles? celles-ci ou celles-là?

4. Voici la vendeuse qui me sert. Voici la vendeuse que j'ai vue hier; qui me connaît; que je connais; que j'ai achetée hier; qui est dans la vitrine; que vous cherchiez; qui vous vont.

Exercice écrit: à Paris; à Londres; aux Etats-Unis; en Vendée; en Angleterre; au Panama; en Normandie; en Italie; dans les Alpes; au Japon; au Havre; à Avoriaz; en Provence; aux Baux; en Bretagne.

17   1. Lequel avez-vous choisi?; lequel...........choisi; laquelle...........choisie; lequel...........
choisi; lequel...........choisi; lesquels...........choisis; lesquels...........choisis.

2. Mais cette fois-ci elle va attendre; il va rire; il va plaisanter; elle va s'inquiéter;
il va chanter; elle va pleurer.

3. Non, nous n'allons pas le visiter; la contacter; le chercher; la prendre; les
écouter; l'acheter; les lire.

4. Je vais lui écrire bientôt; lui téléphoner; y aller; y monter; en changer; me coucher.

Exercices écrits:

1. Oui, voilà une tarte que j'ai faite; oui, voilà un gâteau que j'ai acheté; oui, voilà
une robe longue que j'ai mise; oui, voilà une chemise verte que j'ai portée; oui,
voilà un exercice que j'ai compris; oui, voilà une habitude que j'ai prise; oui,
voilà une attitude que j'ai admise; oui, voilà une chanson que j'ai apprise.

2. Non, mais elle va y partir bientôt; non, mais ils vont le transformer bientôt; non,
mais elle va lui parler bientôt; non, mais il va s'y installer bientôt; non, mais il va
les raconter bientôt; non, mais il va l'écraser bientôt.

18   1. Oui, c'est ce que j'ai cru; ce que je pense; ce que je crois; ce que j'ai dit; ce
que j'ai entendu; ce que je pense.

2. Mais si! C'est désagréable d'aller chez le dentiste!; interdit de monter; ennuyeux
d'écrire; fatigant de regarder...........; impossible de se lever...........

3. Oui, ce qui est utile, c'est de lire. ce qui...........c'est (throughout).

4. Ce que vous racontez ne me blesse pas; ce que vous faites ne me touche pas;
ce que vous dites ne me flatte pas; ce que vous proposez ne m'amuse pas; ce que
vous offrez ne m'attire pas; ce que vous écrivez ne me rassure pas.

5. C'est vrai, il y en a une cinquantaine; une trentaine; une quarantaine; une
vingtaine; une dizaine; une soixantaine.

Exercice écrit: Il est bavard, ce qui m'étonne. Il est riche, ce que je ne savais pas.
Il est beau, ce que je n'ai pas bien remarqué. Il est sportif, ce qui est étonnant.
Il est même artiste, ce qui est surprenant!

C'est Francis!

19   1. Mais il croit qu'il n'est pas fatigué; elle croit...........bavarde; elle croit...........heureuse;
ils croient...........riches; elle croit...........jolie.

2. Quand sont-ils arrivés exactement?; quand sont-ils sortis?; quand est-il venu?;
quand va-t-il les faire?; quand est-il parti?

3. Oui, c'est ce que je prends; ce que j'achète; ce que j'écris; ce que je cherche;
ce que j'ai perdu.

4. Enfin, je crois qu'elle brûle; qu'elles arrivent; qu'elle se ferme; qu'ils jouent;
qu'elle sort.

5. Mais je viens de le voir; de l'ouvrir; de lui téléphoner; de lui parler; de les organiser;
de le vendre.

Exercice écrit: Le Capitaine a dit qu'il a reçu l'appel à 10H53. Cinq minutes plus
tard, il était à la Maison de la Culture avec ses hommes. Ils sont entrés et ils ont
rapidement maîtrisé l'incendie. (Il a dit qu')il a quand même laissé deux hommes
qui devaient surveiller les lieux. Il fallait reconnaître que ses hommes se sont très
bien conduits et qu'il y avait un service de sécurité admirable.

Le Directeur a dit que, heureusement, la situation n'était pas très grave — les
dégâts matériels n'étaient pas très importants. Il fallait quand même penser à
l'inauguration de la Maison de la Culture, qui devait s'ouvrir dans un mois et
ils avaient besoin de nouvelles fresques pour l'entrée. Il espérait que Monsieur
Sautier allait accepter ce travail. Il admirait beaucoup ses toiles et il était certain
que tous les Chaviréens étaient de son avis.

20 1. Alors, partez!; revenez; dormez; réfléchissez; attendez.

2. Mais si! Je l'accepterai!; je l'achèterai; je le boirai; je le reverrai; je le regretterai.

3. Non, je reviendrai ce soir; je mangerai; je l'inviterai; je le prendrai; je me lèverai; je reviendrai.

4. Non, je ne choisirai ma robe que ce soir; je ne prendrai mon café qu'à la fin du repas; je ne dînerai qu'à 10 heures; je ne partirai que demain.

5. Le troisième part à 7H23; le quatrième............7H33; le cinquième............7H43; le septième............8H03; le dixième............8H33.

Exercices écrits:

1. Il partira............Il traversera............il restera............il visitera............regardera............ mangera............Il ira............il nagera............il dormira............il montera............il visitera............ il fera............il descendra............ce qui sera............il reviendra............

2. Elle est venue à 5H35. Elle est venue après Madame Gousse. Il est rentré à 9H30. Il est rentré après Sylvie. Ils ont mangé à 8H45. Ils ont mangé après les Baudrécourt. Elle se ferme à 8H30. Elle se ferme avant le café. Elles sont parties à 2H50. Elles sont parties avant Michel.

21 1. Oui, je crois qu'il reviendra bientôt; il nous quittera; il me cherchera; il les appréciera; il les invitera.

2. Alors nous ne lirons pas le courrier non plus; nous ne quitterons pas; nous ne boirons pas; nous ne partirons pas; nous ne retournerons pas; nous ne sortirons pas; nous ne nous inquiéterons pas.

3. Si Lucienne rit, c'est qu'elle a réussi son examen; si............c'est que/qu' (throughout).

4. Denise est tellement contente qu'elle pleure; ....est tellement content; ....sont tellement contents; ....sont tellement contents; ....sont tellement contentes.

Exercice écrit: Quand; puisque; lorsque; parce que; puisqu'; quand; lorsque; parce qu'. (Quand and lorsque are interchangeable in this exercise).

22 1. C'est le meilleur depuis des années; le plus doux; la plus chaude; le plus humide; le plus intéressant; ce sont les meilleures.

2. D'accord! Je vous aiderai à écrire cette lettre!; apprendrai; dirai; ferai; emmènerai.

3. Je regrette, il ne m'en reste que quatre; trois; deux; cinq; huit.

4. Mais il vaut mieux ne pas boire d'alcool!; ne pas penser à l'avenir; ne pas sortir tard le soir; ne pas se coucher tard; ne pas travailler trop longtemps.

Exercice écrit: S'il fait beau, nous irons nous promener; s'il pleut, nous resterons à la maison; s'il reste là, nous rentrerons à Chaviray; s'il vient, nous lui donnerons à boire; s'il gagne, nous serons riches.

23 1. Mais ils font semblant de ne pas nous reconnaître; de ne pas nous remarquer; de ne pas le voir; de ne pas se reconnaître; de ne pas être fatigué.

2. Elle téléphonera dès qu'elle le pourra; ils partiront dès qu'ils le pourront; elles s'en iront dès qu'elles le pourront; ils reviendront dès qu'ils le pourront; ils écriront dès qu'ils le pourront.

3. Ah? Il travaille chez Cuisinor depuis trois ans déjà?; ils sortent ensemble depuis six mois............; elle fait du ski depuis cinq ans............; il téléphone depuis vingt minutes............; elle travaille chez Francis depuis un an............

4. Non, ce qui est grave, c'est de ne pas choisir; ce qui est............c'est de ne pas (throughout).

Exercice écrit: S'ils ne nous disent rien, c'est que nous ne partons pas à Avoriaz; si elle ne nous dit rien, c'est que nous n'allons pas à Paris; s'il ne nous dit rien, c'est que nous ne jouons pas 'Pharsalie-Plage'; s'il ne nous dit rien, c'est qu'il ne change pas de travail; si elle ne nous dit rien, c'est qu'elle n'aime pas le journalisme; s'ils ne nous disent rien, c'est qu'ils n'aiment pas le cognac; s'ils ne nous disent rien, c'est qu'ils ne regrettent pas le passé; s'il ne nous dit rien, c'est qu'il n'a pas revu Madame Sani.

24

1. Monsieur Dugouffre mange en ouvrant la bouche; en descendant; en mangeant; en écoutant; en assistant.

2. La dernière fois qu'il en a mangé, c'était au Mans; qu'elle a visité; qu'elle en a vu; qu'il en a bu; qu'elle l'a revu.

3. C'est vrai, il est plus sympathique que jamais; il est plus sérieux; il est plus réussi; ils avaient plus faim; ils étaient plus beaux; il était plus succulent.

4. Ils partent en courant; en chantant; en partant; en faisant du ski; en lisant des romans; en souriant.

5. Non, pas pour le moment, mais plus tard je boirai du vin; je ferai du ski; je commanderai mes provisions; je voyagerai beaucoup; j'accepterai ce travail.

Exercice écrit: Je peindrai le grenier quand il n'y aura plus de caisses partout; je partirai quand il n'y aura plus d'invités; je travaillerai quand il n'y aura plus de bruit; je referai la peinture quand il n'y aura plus de clous dans le mur; je me mettrai à table quand il n'y aura plus de livres partout; je partirai en vacances quand il n'y aura plus d'examen; je transformerai le magasin quand il n'y aura plus de problèmes.

25

1. Oui, toutes étaient très réussies; toutes étaient; tous étaient; tout était; tout était.

2. Ah! Ah! Je ne vais ni à Tours ni à Paris!; je ne pars ni mardi ni mercredi; je ne bois ni de l'eau ni de la vodka; je ne téléphone ni à Gisèle ni à Denise; je ne voyage ni par le train ni en voiture.

3. Moi. Je les ai tous mangés; je l'ai toute bue; je les ai toutes prises; je les ai toutes fumées; je l'ai tout dépensé; je les ai tous brûlés.

4. Elles étaient toutes là; tous là; tous très fiers; tous contents; toutes tout à fait charmantes; tous extraordinairement aimables.

5. Marianne est tout étonnée; tout le travail a été fait par des jeunes; tout intimidé..........toutes les fresques; toute ravie..........toutes les représentations; tout fier..........tous les Chaviréens; tout content..........tous les amis.

Exercice écrit: Tous; Tout; toutes; toute; tout; tout; tous; tout; toute; tout; tout; tout; tout; tous.

GLOSSARY

A

à to/in; at; **à côté (de)** close (to); **à demain!** see you tomorrow!; **à droite** to the right/right; **à gauche** to the left/left; **à l'extérieur** outside; **à l'intérieur** inside; **à l'heure** on time; **à propos** by the way; **à propos de** . . . about; **à tout à l'heure!** see you later!; **à un kilomètre d'ici** one kilometre from here; **à la nôtre!** here's to us!; **à la vôtre!** here's to you! your health!; **à une autre fois!** see you another time!

abandonner to abandon, give up

abord: d'abord first

absolument absolutely; **je voudrais absolument** . . . I absolutely must . . .

accepter to accept

l'accès (m) access

l'accident (m) accident

accord: d'accord! I agree!/that's agreed!

accrocher to hang (a picture)

accuser to accuse

acheter to buy (like **se lever** p. 174)

acide acid

actuel(-lle) present, contemporary

***s'adapter à (quelque chose)** to adapt oneself, get used to

l'addition (f) bill

l'administration (f) administration

admirablement admirably

admirer to admire

adorable adorable; **plus adorable que jamais** more adorable/lovable than ever

adorer to adore

l'adresse (f) address

***s'adresser (à)** to apply (to)

adroit skilful, clever with one's hands

l'affaire (f) affair; **quelle affaire!** what a business!

l'âge (m) age

l'agent (m) policeman

***s'agir de (quelque chose)** to be about (something); **de quoi il s'agit** what it's about

agréable pleasant

aider to help; **le temps aidant** with the help of time; **en quoi puis-je vous aider?** how can I help you?

l'ail (m) garlic

ailleurs: d'ailleurs moreover

aimable kind

aimer to like; to love

l'air (m) air; **des projets en l'air** vague plans; **le courant d'air** draught; **avoir l'air** . . . to seem . . .; **elle a un air aimable** she looks kind

aise: à mon/votre aise comfortable

l'alcool (m) alcohol

l'aléa (f) setback

alerter to alert, warn

***aller** to go; **allons!** come on!; **comment allez-vous?** how are you? **je m'en vais** I'm off; **aller à droite et à gauche** travel all over the place; **j'y vais de ce pas** I'm going there right now; **celui/celle qui vous va le mieux** the one that suits you best (pres. p. 174)

allumer to light

l'allumette (f) match

l'allure (f) style

alors so, now then

l'ambiance (f) atmosphere, party spirit; **l'ambiance est tombée** the party spirit evaporated

l'ami (m)/**l'amie** (f) friend

l'Amicale (f) Friendly Club

l'amitié (f) friendship; **se prendre d'amitié pour quelqu'un** to begin to feel friendly towards someone

l'amour (m) love; love affair

l'amour-propre (m) self-esteem

l'an (m) year; **tous les ans** every year; le **Nouvel An** New Year; le **Jour de l'An** New Year's Day; **avoir 25/30 ans** to be 25/30 years old

ancien(-nne) old

l'Animation Culturelle (f) organisation, encouragement of cultural activities

annoncer to announce

annuel(-lle) annual

*s'apercevoir (aperçu) to notice (like
 recevoir p. 175)
l'apéritif (m) aperitif
l'appareil (m) still camera
l'appartement (m) flat, apartment
l'appel (m) call
 appeler to call
 apporter to bring
l'après-midi (m/f) afternoon
les après-ski (m) après-ski, furry boots
l'aquarelle (f) watercolour
l'arbre (m) tree
l'architecte (m) architect
l'argent (m) money
l'armoire (f) cupboard; l'armoire à
 pharmacie (f) medicine cabinet
 arranger to arrange; *s'arranger
 pour . . . to arrange things so as to
 arrêter to stop. *s'arrêter to stop
*arriver to arrive; j'arrive! I'm coming!;
 qu'est-il arrivé? what's happened?
 arroser: arrosons ça! let's drink to that!
l'artichaut (m) artichoke
l'artiste (m/f) artist
l'ascenseur (m) lift
 assez enough; assez! that's enough!;
 assez de enough; j'en ai assez! I've
 had enough!
l'assurance (f) insurance
 attendre (attendu) to wait; vous êtes
 attendu par X X is expecting you;
 en attendant meanwhile
 attention! careful!; faire attention to
 take notice
 attirer to attract
 attraper to catch
l'attroupement (m) crowd
 aucun(e) no (adj.)
l'auditeur (m) listener
 aujourd'hui today; nowadays
 auprès de near
 aussi also/too; as; aussi . . . que as . . .
 as
 autant; d'autant plus (heureux) que . . .
 all the (happier) because . . .
l'auteur (m) author
l'autobus (m) bus
 autre other; rien d'autre nothing else;
 autre chose something else
 autrefois in the past, before
*avancer to come/go forward
 avant before; avant la lettre 'Before
 the letter', before it had a name
 avec with; avec discrétion discreetly
l'avenir (m) future
l'avis (m) opinion; à mon/votre avis
 in my/your opinion; être de l'avis de
 quelqu'un to agree with somebody
 avoir(eu) to have; avoir besoin de . . .
 to need; avoir de la chance to be
 lucky; avoir mal to have a pain;
 avoir mal à la tête/gorge to have a
 headache/sore throat; avoir raison
 to be right; il y a there is/are;
 qu'est-ce que vous avez? what's the

matter with you?; avoir l'air . . .
 to seem; avoir peur to be afraid;
 avoir envie de to want; avoir soif
 to be thirsty; avoir du mal à to have
 trouble (pres. p. 13)
 avouer to admit

B

le bac Baccalauréat
le baccalauréat Baccalauréat, university
 entrance examination
 baîller to yawn
la banane banana
la bande gang
la barbe: quelle barbe! what a bore!
 bas: là-bas down/over there; en bas
 (down) below
 bas (basse) low
le bas de laine woollen sock, stocking
le bâton ski-stick
la batterie de cuisine kitchen things, pots
 and pans
 bavard talkative, gossipy
 bavarder to chat
 beau, bel (belle) beautiful; faire beau
 to be fine (weather)
 beaucoup very much/a lot; beaucoup
 de . . . a lot of . . ./many
 besoin: avoir besoin de to need
 bête stupid
le beurre butter
la bibliothèque library
le bidon drum, tub
 bien good/well/very well; très bien
 very well/that's fine; c'est bien simple
 it's quite simple; il/elle est très bien
 it looks very good; bien habillé well
 dressed; tant bien que mal roughly;
 s'ils veulent bien encore de moi if they
 still want me; tout est bien qui finit
 bien all's well that ends well
 bientôt soon
la bière beer
le bikini bikini
le billet ticket; le billet de banque
 bank note
le bistrot bistro, small bar
 bizarre odd, peculiar
 blanc (blanche) white
 blessé injured, hurt
la blessure wound
 bleu blue; bleu marine navy blue
 blond blonde, fair
 boire (bu) to drink (pres. p. 174)
le bois wood; l'Orée du Bois the edge of
 the woods
le boisson drink
la boîte box; tin
le bol bowl
 bon (bonne) good; bon! good!/
 all right!; ah bon! I see! bon
 anniversaire happy birthday;

bon marché cheap; il fait bon/chaud/
froid it's nice/hot/cold; ça sent bon
it smells good/has a delicious smell;
donner le bon exemple to set a good
example; de bonne heure early;
le bon temps the good old days
le bon voucher; le bon de réduction
cut-price voucher
le bonbon sweet
bonjour! good morning/afternoon!
la bouche mouth
le bouquin book
le bourlingueur rolling stone
bousculer to jostle
le bout end
la bouteille bottle; mettre en bouteilles
to bottle
la boutique boutique; small shop
le bouton button; pimple
le bras arm
bravo! well done!
briller to shine;
le briquet cigarette lighter
la brochure brochure, leaflet
le brouillard fog
le bruit noise
brûler to burn
brun brown, dark (of hair)
le bulletin de salaire payslip
le bureau desk; office
le bureau de tabacs tobacconist
le but aim

C

ça this/that; ça fait combien? how
much does it come to?; ça fait six
francs it comes to six francs; ça
m'est égal! I couldn't care less!/
it's all the same to me!; ça ne fait rien
it doesn't matter; ça oui! you can be
sure of that!; c'est ça! that's it!;
ça, c'est trop fort! that really is too
much!; ça dépend that depends;
ça marche it's going well/working;
le travail, ça marche! work's going
well; ça va? how are things?; ça va!
fine thanks; everything's all right
la cabine booth; fitting room
cacher to hide
*se cacher to hide (oneself)
le cadeau present
le café café; coffee
la caisse cash-desk; crate
calculer to calculate
calme calm
le calme calm
*se calmer to calm down
le/la camarade friend
la caméra movie camera
la campagne country(side)
le candidat candidate
le capitaine captain; le Capitaine des
Pompiers Fire Chief

le capital (les capitaux) capital (finance)
la carte map; card
le carton carton, cardboard box
cassé broken
la catastrophe catastrophe
la cause cause; à cause de because of
la cave cellar
ce this/that
ce: c'est it is; c'est-à-dire that is (to
say); c'est ça! that's it! that's right!;
ce n'est rien it doesn't matter
ceci this
cela that (see ça)
célèbre famous
celle-ci/-là this/that one
celles-ci/-là these/those (ones)
celui-ci/-là this/that (one)
cent hundred; cent vingt hundred and
twenty; des centaines hundreds
le centre centre
certain some (adj. and pron.)
certainement certainly, of course
ces these/those
c'est: c'est la meilleure! that's a good
one!
cet this/that
cette this/that
ceux-ci/-là these/those (ones)
la chambre (bed)room; la chambre d'amis
guest room
la Chambre de Commerce Chamber of
Commerce
la chance (stroke of) luck; avoir de la chance
to be lucky
le chandail sweater
le changement change
changer to change
la chanson song; la chanson paillarde
dirty song
chanter to sing
le chapeau hat
charmant charming
le charme charm; rompre le charme
to break the spell
le château château
chaud hot; il fait bon/chaud/froid
it's nice/hot/cold
le chauffe-eau water-heater
la chaussée: le rez-de-chaussée ground
floor
chausser to put on (esp. shoes)
les chaussures (f pl.) shoes; une paire de
chaussures a pair of shoes
chaviré knocked off balance
chaviréen(-nne) belonging to Chaviray
le chemin way; indiquer le chemin show
the way
la cheminée chimney, fireplace
cher (chère) expensive
cher: chers enfants . . . dear children . . .
chercher to look for
chéri(e) darling
les cheveux (m. pl) hair (of head)
chez: chez moi at my home; chez Michel
at Michel's home

le choc shock
le chocolat chocolate
choisir to choose
le choix choice, selection
la chose thing; autre chose something
else; je n'ai jamais entendu une chose
pareille! I've never heard anything of
the sort!; regarder les choses en face
to face up to things; des tas de choses
heaps of things
le chou-fleur (les choux-fleurs) cauliflower
le cidre cider
le ciel sky
la cigarette cigarette
le cinéma cinema
cinq five
le circuit circuit
la circulation traffic
le citron lemon; citron pressé fresh lemon
drink
civilisé civilised
clairement clearly
claquer to slam
la clarté light, lightness
les classes terminales (f) upper sixth
la clef key
le client customer
la clientèle clientèle
le clou nail
le cœur heart
le coffre boot (of car)
le cognac brandy
la coïncidence coincidence
le col collar
la colère rage; *se mettre en colère to lose
one's temper
la colonne column
combien (de) how much/many; ça fait
combien? how much does it come
to?; c'est combien? how much is it?
la combinaison petticoat, slip
la commande order
comme like/as; comme ça like this/
that; comme il faut just right/
properly, respectable/correct; comme
vous voyez as you can see
commencer to begin
comment? what?/what do you mean?;
how?; comment allez-vous? how are
you? comment est Madame
Baudrécourt? what's Madame
Baudrécourt like?
le commerçant shopkeeper
le commerce business
le commissariat de police police station
la commode chest of drawers
commun: qu'y a-t-il de commun entre X
et Y? what do X and Y have in
common?
comparer to compare
compliqué complicated, difficult
comprendre (compris) to understand
compromettre (compromis) to compromise
(like mettre p.13)
le comptable accountant

compte: *se rendre compte de quelque
chose to realise something
compter to count
le comptoir counter
la concierge concierge
le concours competition; competitive
examination; prêter son concours;
to collaborate, help
*se conduire (conduit) to behave, conduct
oneself
confirmer to confirm
la confiture jam
confortable comfortable
le congrès conference, congress
connaître (connu) to know (pres. p. 13)
consciencieux (consciencieuse)
conscientious
le conseil advice
conseiller to advise
construire (construit) to build
le contact contact
contacter to contact, get in touch with
contemporain contemporary
content happy, pleased
continuer to carry on
contraire: au contraire on the contrary
convaincre (convaincu) to convince
la conversation conversation; le sujet de
conversation something to talk about
coordonné coordinated
le copain friend, buddy
la copie copy
correct correct, 'comme il faut'
la correspondance connection
côté: à côté(de) close (to)
le costume costume
*se coucher to go to bed
le coude elbow; jouer des coudes to jostle
la couleur colour
le couloir corridor
le coup: tout d'un coup suddenly
la coupe cut
couper le souffle (à quelqu'un) to take
(someone's) breath away
le courant d'air draught
courant: être au courant de . . . to know
about; je ne suis pas du tout au
courant! I haven't the faintest idea
what it's all about; la mise au courant
briefing
le courrier mail
court short
le court-circuit short-circuit
les courses (f. pl.) errands, shopping; faire des
courses to go shopping
le cousin, la cousine cousin
le coussin cushion
le couteau knife
coûter to cost
la cravate tie
la crémaillère: pendre la crémaillère to have
a housewarming party
crier to shout
croire (cru) to think, believe; je n'en
croyais pas mes yeux! I couldn't

believe my eyes!; (like **voir** p. 175)
la cuisine kitchen; cooking; **faire la cuisine**
   to cook
la culpabilité guilt

D

d'abord first
d'accord! I agree!/that's agreed!
d'ailleurs moreover
la dame lady
le danger: **il n'y a pas de danger** there's no
   risk
dangereux (dangereuse) dangerous
dans in; **dans une heure** in an hour's
   time
de of; from; **de la, de l'** some/any (of)
debout on your feet
le débutant beginner
décidément! really and truly
décider to decide; **décider de . . .**
   to decide to . . .;
*se décider to decide, make up one's mind
la décision decision
déclarer to declare
la déclaration d'impôts tax declaration
le décor décor/setting
découvrir (découvert) to discover (like
   ouvrir p.174)
déçu disappointed
défendre (défendu) to defend
définitivement permanently, for good
les dégâts matériels (m) material damage
le degré degree (of temperature-
   centigrade)
dehors outside
déjà already
le déjeuner lunch
délicieux (délicieuse) delicious
demain tomorrow; **à demain!** till
   tomorrow!/see you tomorrow!
demander to ask (for)
*se demander to wonder
le déménagement removal
déménager to move house
le déménageur removal man
demi: **une demi-heure** half an hour;
   une/deux heure(s) et demie half past
   one/two; **la demi-journée** half day
la dent tooth; **avoir mal aux dents** to have
   toothache
le dentifrice toothpaste
le dentiste dentist
le départ departure
*se dépêcher to hurry
dépendre: **ça dépend** that depends
la dépense: **faire des dépenses** to spend
   money
depuis since; **je suis ici depuis . . .**
   I've been here for . . ./since
*se déranger to put yourself out
dernier (-ère) last
derrière behind
des of the

dès straight after; **dès les résultats** as
   soon as the results come out
désagréable unpleasant
*descendre (descendu) to go down,
   get down
désolé terribly sorry
désormais from now on
dessous under; **sens dessus dessous** upside
   down
dessus: **au dessus (de)** above, over
la détente relaxation
détruire (détruit) to destroy
deux two; **tous les deux** both
deuxième second
devant in front of
*devenir (devenu) to become; **qu'est-ce
   qu'il est devenu?** what's become of
   him/it? where's he/it got to? (like
   venir p. 175)
deviner to guess
devoir (dû) to be obliged, must; **il doit être
   là** it ought to be there
le dévouement devotion
la différence difference
différent different
difficile difficult
difficultés: **avoir des difficultés** to have
   trouble
la diffusion distribution
digne worthy
le dimanche Sunday
dîner to dine
dire (dit) to say; tell; **vous voulez
   dire . . .** you mean; **c'est-à-dire**
   that is (to say); **je veux dire . . .**
   I mean . . .; **c'est trop tôt pour le dire**
   it's too soon to say; **sitôt dit sitôt fait**
   no sooner said than done
   (pres. p. 174)
*se diriger vers to make for
la discipline discipline
le discours speech
disparaître (disparu) to disappear
la disposition: **je suis à votre disposition**
   my time is yours
*se disputer avec to quarrel with
le disque record
dix ten
donc therefore, so; **faites donc!** go
   ahead!
le double copy
la douche shower
la douleur pain
dommage: **quel dommage!** what a
   shame!
donner to give
douter de quelque chose to doubt
   something
*se douter de quelque chose to suspect
   something
doute; **sans doute** doubtless, no doubt
doux (douce) gentle, mild
la douzaine dozen; **la demi-douzaine**
   half dozen
douze twelve

le drame drama; c'est le drame! crisis!;
le groupe dramatique drama group;
theatre club
drôle peculiar, funny; un drôle de type
an odd chap, a funny piece of work
du of the; some/any(of)
durer to last
dynamique full of energy
le dynamisme energy, initiative

E

l'eau (f) water; l'eau de cologne eau de
cologne; le chauffe-eau water heater
échanger to exchange
échapper à to escape from
échouer to fail
l'école (f) school
écouter to listen (to)
écraser to crush
écrire (écrit) to write (pres. p. 174)
effet: en effet indeed/that's right
efficace efficient
l'efficacité (f) efficiency
l'élégance (f) elegance
élégant elegant, smart
l'élève (m/f) pupil
elle she/it; her
elles they; them
l'embarras (m) embarrassment; vous me
mettez dans l'embarras you're putting
me in a spot
embarrasser to embarrass
embêtant annoying
embêté annoyed
*s'embourgeoiser to settle down, go all
respectable
emmener to take, accompany (like
se lever p. 174)
l'émotion (f) emotion
empêcher to prevent, stop
emporter to carry off; l'emporter sur
quelqu'un to come out top over
someone
ému moved
en (pron.) see p. 50
en (prep.) in, into; en avance early;
en ce moment at the moment; en effet
indeed/that's right; en vacances
on holiday; je vais en Suisse I'm
going to Switzerland; en retard late;
en bas (down) below; en haut (up)
above; en même temps at the same
time
encombré cluttered
encore again; still, yet; on n'en est pas
encore là! we haven't got to that
stage yet!
l'endive (f) chicory
endommager to damage
*s'endormir to go to sleep
l'endroit (m) place, spot
l'énergie (f) energy
l'enfant (m/f) child
enfin! at last!

enfoncer to hammer in
enlever to take out/off (like se lever
p. 174)
ennuyer to bother
ennuyeux (ennuyeuse) annoying
l'enquête (f) survey
enrhumé: être enrhumé to have a cold
*s'enrhumer to catch cold
ensemble together
ensuite then/later/afterwards
entendre (entendu) to hear; je n'ai
jamais entendu une chose pareille
I've never heard the likes!
l'entrée (f) entrance; hall
*entrer to go/come in
envie: avoir envie de to want
envisager to envisage, consider
envoyer to send
l'enzyme (m) enzyme
l'épicerie (f) grocers shop; l'épicerie fine
high-class grocery
l'époque (f) time, epoch
épuiser to exhaust
l'erreur (f) mistake
l'escalier (m) stairs, staircase
l'espoir (m) hope; tout espoir n'est pas
perdu there's still hope
essayer to try (on)
essoufflé out of breath
l'est (m) East
est-ce que see p. 13
espérer to hope
et and
l'étage (m) storey, floor; les étages
supérieurs upper floors
l'étape (f) stage, lap
l'été (m) summer
éteindre (éteint) to put out, extinguish
éternuer to sneeze
l'étranger (m) stranger
être (été) to be; (pres. p. 13; imperfect
p. 68); j'y suis! I've got it!
l'étudiant (m/f) student
eux them
évidemment obviously
évident obvious
exact exact, precise, right
exagérer to exaggerate; vous exagérez!
surely not!/come off it!
l'examen (m) examination
excellent excellent
excuser to excuse
exemple: ça, par exemple! well, I never/
would you believe it?
expérimenté experienced
expliquer to explain
l'explosion (f) explosion
exprès on purpose
exquis exquisite
extérieur: à l'extérieur outside
extraordinaire extraordinary
évacuer to evacuate
évaluer to evaluate, gauge
l'événement (m) event
éviter to avoid

F

fabriquer to manufacture, make
face; en face de opposite; in front of
facile easy
façon; de toute façon anyway, in any case
faire (fait) to do/make; faire la cuisine to cook; ça fait combien? how much does it come to?; ça fait six francs it comes to six francs; il fait bon/chaud/froid it's nice/hot/cold; faire beau to be fine (weather); faire ses études to study; faire un héritage to come into money; faire partie de to be part of, belong to; faire des petits plats to cook something nice; faire des progrès to make progress; faire semblant de to pretend to; c'est donc fait! it's all cut and dried; (pres. p. 13: faire + inf. p. 126)
familier (-ière) familiar
la famille family
fatigant tiring
fatigué tired
faut: comme il faut just right/properly; respectable/correct; il faut . . . one must . . . we have to . . .
le fauteuil armchair
favori favourite
la félicitation congratulation
féliciter to congratulate
la femme woman; wife
la fenêtre window
fermé closed
fermer to close/shut
le fermier farmer
fermier (adj.) of the farm; les produits fermiers (m) farm produce
le festival festival
la fête festivity, festival
fêter to celebrate
le feu fire
février (m) February
la fiche card, slip
fier (fière) proud
la fille daughter; girl
le fils son
finalement in the end, finally
la finance: le Ministère des Finances Treasury, Finance Ministry
financier (financière) financial
fini finished
finir to finish
flatter to flatter
la fleur flower
la foi: ma foi! goodness!
la fois: encore une fois once again; une/deux/trois fois par jour once/twice/three times a day
fonctionner to function
la force: prendre des forces build up one's strength
la forêt forest
la forme shape, line

formidable terrific
le formulaire form (official paper)
fort strong; ça, c'est trop fort! that really is too much!
fou (folle) mad
le foulard head scarf
la fourchette fork
fournir to provide (with)
frais (fraîche) fresh
le franc franc; ça fait six francs it comes to six francs
le/la Français,-aise French man/woman
le français French (language)
français French
la France France
le frère brother
les fresques (f) frescoes
froid cold; il fait froid it's cold
le fromage cheese
le fruit fruit; le jus de fruits fruit juice
la fumée smoke
fumer to smoke

G

gagner to win; earn
gai gay
galant chivalrous, gallant
le gant glove
garantir to guarantee, assure
le garçon boy; waiter
garder to keep; garde-la sur toi keep it on
la gare station
garer to park
gastronomique gastronomical
le gâteau cake/gâteau
gauche left; à gauche to the left/left;
le gaz: l'usine à gaz (f) gasworks
géant giant, gigantic
*se gêner to be embarrassed, hold back
le genre sort, kind
gentil (gentille) kind, nice
le goût taste
goûter to taste
grand big/large/great; au grand jamais! never!
le grand-père grandfather
gratuitement free, gratis
grave serious
grec (grecque) Greek
le grenier attic, loft
la grippe influenza
gros (grosse) big, fat
le grossiste wholesaler
le groupe dramatique drama group

H

*s'habiller to get dressed; bien habillé well dressed
habiter (à) to live in; habiter Chaviray . . to live in Chaviray

l'habitude (f) habit; d'habitude usually;
   comme d'habitude as usual
*s'habituer à to get used to
les haricots (m. pl) beans; les haricots verts
   French beans (see p. 10)
   hasard; par hasard by chance
   haut high; en haut (up) above
l'héritage (m) inheritance, legacy
l'heure (f) hour; à tout à l'heure! see you
   later!; il est une/deux . . . heure(s)
   it's one/two . . . o'clock; quelle heure
   est-il? what's the time?; une demi-
   heure half an hour; à l'heure on time
   heureusement luckily, fortunately
   heureux (heureuse) happy
*se heurter à (quelqu'un) to cross swords
   with (someone)
   hier yesterday
l'histoire (f) story, history
l'hiver (m) winter
l'homme (m) man
   honnête honest
l'honneur (m) honour
l'hôpital (m) hospital
l'hôtel (m) hotel
l'huile (f) oil; l'huile de maïs corn oil
   humeur: de bonne humeur in a good
   mood

I

   ici here; par ici this way
   idéal ideal
l'idée (f) idea
   identique identical
   idiot idiotic, stupid
   il he, it
   illuminé lit up, floodlit
   il y a there is/are; ago; il y a deux ans
   two years ago; il y a un instant
   a moment ago
   immense immense
   important important
l'importance (f) importance
   imposable taxable
   impossible impossible; impossible de
   (+inf.) it is/was impossible to
les impôts (m) taxes; la déclaration
   d'impôts tax declaration
l'impression (f) impression
   impressionner to impress
l'inauguration (f) inauguration, opening
   inaugurer to inaugurate
l'incendie (m) fire
l'incident (m) incident
   incroyable incredible
   indécent indecent
   indifférent indifferent, 'don't know'
   indiquer to show
l'ingénieur (m) engineer
l'injure (f) abuse, insult
   innocent innocent
l'innocence (f) innocence
   inquiétant worrying
   inquiéter to worry, bother

*s'inquiéter to get/be worried
   insister to insist
*s'installer to settle down, settle in
l'installation (f) installation
l'instant (m) moment
l'instrument (m) instrument
   insupportable intolerable
   intégré integrated
   intellectuel (intellectuelle) intellectual
   interdit; le sens interdit no entry sign
   intéressant interesting
   intéresser to interest
   interminable endless
   intolérable intolerable
   inutile useless; inutile de s'enrhumer
   there's no point in catching cold
   inventer to invent
   inviter to invite

J

   j' I
   jamais never; je n'ai jamais entendu une
   chose pareille! I've never heard the
   like!
la jambe leg
le jardin garden; le jardin public park
   je I
   jeune young; la jeune fille girl
la jeunesse youth
la joie joy
   joli pretty
   jouer to play; jouer des coudes jostle,
   elbow one's way
le jour day; de nos jours nowadays;
   tous les jours every day
le journal newspaper
le journaliste journalist
la journée day (see p. 19)
la jupe skirt
le jury panel of judges
le jus de fruits fruit juice
   juste just
   jusqu'à until
   juteux (juteuse) juicy

K

le kilo kilo
le kilomètre kilometre; à un kilomètre d'ici
   one kilometre from here

L

   l' the; him/her/it
   la the; her/it
   là here/there; par là that way;
   Monsieur Sautier est là! Monsieur
   Sautier's here! je suis là! I've
   arrived!
le laboratoire laboratory
le labyrinthe labyrinth

lacer to lace
laisser to leave; to allow, let; laissez!
    don't bother!; laisser tomber to drop
large wide, broad
laver to wash; laver de tout soupçon
    to wash clean of all suspicion; la
    machine à laver washing machine
*se laver to wash (oneself)
le the; him/it
la leçon lesson
la lecture reading; la salle de lecture
    reading room
léger (légère) light
le légume vegetable
lentement slowly
les the; them
la lessive washing; washing powder,
la lettre letter
*se lever to get up (pres. p. 174)
la librairie bookshop
libre free; le libre-service self-service
lieu: au lieu de instead of
les lieux place; être sur les lieux to be on
    the spot
le linge washing
lire (lu) to read
la liste list; la liste de provisions shopping
    list
le lit bed
la littérature literature
la livraison delivery; prendre livraison
    to take delivery
le livre book
livrer to deliver
le/la locataire tenant
loin far; loin de far from
Londres London
longtemps for a long time
lorsque when
louer to praise; to let, rent
lourd heavy
lui him; (to) him/her/it
la lumière light; son et lumière (p. 160)
lundi (m) Monday; le lundi/le mardi/...
    on Mondays/Tuesdays/ . . .
le lycée lycée, secondary school

M

ma my
la machine à laver washing machine
madame (pl mesdames) madam/Mrs.
le magasin shop; le magasin spécialisé
    specialist shop
le magnétophone tape recorder
le maillot (de bain) bathing suit
la main hand; je vous serre la main I shake
    your hand
maintenant now
Monsieur le Maire the Mayor
mais but; mais oui! yes, of course!;
    mais non! of course not!
le maïs corn
la maison house

maîtriser to overcome
mal badly; avoir mal aux dents to have
    toothache; avoir du mal à to have
    trouble
malade ill
malgré despite, in spite of
malheureusement unfortunately
malheureux (malheureuse) unhappy
manger to eat
la manière way; à ta manière in your own
    way
le manteau coat
manquer to miss, misfire
le manuscrit manuscript
le marchand shop/stallkeeper
le marché market; bon marché cheap
mardi (m) Tuesday
le mari husband
marié married
le marin sailor
la marine navy
la marque brand, make
mars (m) March
le matériel equipment, material
le matin morning
mauvais bad, wrong
me, m' (to) me; myself
méchant fierce
le médecin doctor
méditer to think about, think over
mégarde: par mégarde inadvertently
le meilleur best; c'est la meilleure! that's
    the best I've heard for a long time!
même even; same; en même temps
    at the same time; moi de même
    me too, so do I; sur la rue même
    right on the street
la mémoire memory; les mémoires (m)
    memoirs
mensuel (mensuelle) monthly
la mention: mention bien 'Good'; mention
    passable 'Passable' (see p. 155)
la mer sea; au bord de la mer at the
    seaside
merci thank you; merci à thanks to
la mère mother
mériter to deserve
la merveille marvel
merveilleux (-euse) marvellous
mes my
le message message
la mesure measurement; prendre des
    mesures to take measurements
le Métro underground
mettre (mis) to put, to place; mettre
    quelqu'un dans l'embarras to put
    someone in a spot; mettre de l'ordre
    to tidy up; mettre en rapport to put in
    touch; *se mettre à pleurer to begin
    to cry; *se mettre à table to sit down
    at table; *se mettre en colère to lose
    one's temper (pres. p. 13)
le metteur en scène producer
le mien (la mienne) mine
mieux better; tant mieux all the better

milieu: au milieu (de) in the middle (of)
mille thousand; deux mille two
   thousand
la mine: tu as une mine extraordinaire
   you look wonderful
minuit (m) midnight
la minute minute
le miracle miracle
la mise en scène production
la mise au courant briefing
le modèle model
  moderne modern
  modeste modest
  moi me; moi de même me too, so do I
  moins less; plus ou moins more or less
le mois month
la moitié half; à moitié half (adv.)
  moment moment; en ce moment at the
   moment
  mon my; mon Dieu! good Heavens!
le monde world; tout le monde everybody
  monnaie: le porte-monnaie purse
le monsieur (pl. messieurs) sir/Mr.;
   gentleman
la montagne mountain(s)
le montant sum total
  *monter to go up; monter une pièce de
   théâtre to put on/mount a play
la montre watch
  montrer to show
  Monsieur le Maire Mayor
*se moquer de to mock (at)
le morceau piece
les mots croisés (m) crossword puzzle
  *mourir (mort) to die
le moyen means; c'est le seul moyen
   it's the only way . . .
  mûr ripe
le musée museum
la musique music
la mythologie mythology

N

  nager to swim
  *naître (né) to be born
  naviguer to sail
  ne/n' . . . pas not (see p. 27); ne . . .
   personne nobody, not . . . anyone;
   ne . . . plus no . . . longer/not . . .
   anymore; ne . . . que only
  nécessaire necessary, required
la neige snow
le néon neon
  n'est-ce pas? (see p. 14)
  nettoyer to clean
  neuf nine;
  neuf (neuve) new; quoi de neuf?
   what's new?
  nier to deny
  n'importe quoi anything
le niveau level
  Noël (f) Christmas

le nom name
  nombreux (-euse) numerous
  non no; mais non! of course not!;
   non pas not
  normal normal
  normalement normally
  nos our
  notre our
le/la nôtre ours
  nous we; us
  nouveau, nouvel (nouvelle) new
la nouvelle news; première nouvelle!
   that's the first I've heard of it!
  nu naked
la nuit night
  nulle part nowhere

O

  obligatoire: le sens obligatoire one way
   street
  obliger to force
  observer to watch, observe
  obtenir (obtenu) to obtain, get (like
   venir p. 175)
l'occasion (f) opportunity; une grande
   occasion a special occasion
  occupé busy, engaged
*s'occuper de quelque chose to look after
   something
l'œil (m) (pl. les yeux) eye
l'œuf (m) egg
l'œuvre (m) collected works
  officiel (officielle) official; les tribunes
   officielles (f) official stands
  offrir (offert) to give (as a present)
   (like ouvrir p. 174)
l'olive (f) olive
l'ombre (f) shade, shadow
  on one/we (see pp. 50, 56, 62)
l'orange (f) orange
  ordinaire ordinary
l'ordre (m): mettre de l'ordre to tidy up;
   tout est rentré dans l'ordre everything
   was back under control
l'organisation (f) organisation
*s'organiser to get organised, organise
   oneself
  organiser to organise, to arrange
  ou or; ou bien . . . or rather
  où where
  oublier to forget
  oui yes; mais oui! yes, of course!
  ouvert open
  ouvrir (ouvert) to open (pres. p. 174)

P

  paillard: la chanson paillarde dirty song
la paire pair
  pâle pale
le pantalon trousers

la pantoufle carpet slipper
Pâques (m) Easter
le paquet parcel, packet
par by; par ici/là this/that way; par mégarde inadvertently
paraître to seem, appear
le parapluie umbrella
parce que because
pardon! I'm sorry! pardon? pardon?
pardonner to pardon, excuse
pareil (pareille) similar; je n'ai jamais entendu une chose pareille! I've never heard the like!
le parent relative; parent
parfait! that's fine!
le parking car park
parler (à) to speak (to)
part: nulle part nowhere; quelque part somewhere
particulier (-ière) private
*partir to leave, to go away (pres. p. 174)
partout everywhere
pas not; ne/n' ... pas not; pas de ... no ...; pas du tout not at all; pourquoi pas? why not?
le pas step; j'y vais de ce pas I'm going right there
le passé past
passer to pass; to spend (time); to sit (an exam); passer au tribunal to appear in court
*se passer to happen; il s'est passé quelque chose! something's happened!; qu'est-ce qui se passe? what's happening?
passionnant exciting, thrilling
la patience patience
patient patient
pauvre poor
payer to pay
le pays country; region; voir du pays to see some of the world
peindre (peint) to paint
la peinture painting, paint
pêle-mêle pell-mell
pendant during; pendant ce temps-là meanwhile
pendre la crémaillère to have a house-warming party
penser (à) to think (of/about); je pense à la tête que feront mes parents I'm thinking of the face my parents will make; c'est bien ce que je pense that's what I think too
le percepteur tax collector
perdre (perdu) to lose; perdre du temps to waste time
le père father
permettez: vous permettez? may I?
la personnalité personality (character); personality (important person)
la personne person; personne (ne) ... nobody; personne d'autre no one else
la perte: la perte du temps waste of time; des risques de perte risk of wastage

persuader to persuade, convince
pétillant sparkling
petit small/little
les petits pois (m. pl.) peas
peu little; un peu de ... a little ...; à peu près nearly, roughly
peur: avoir peur to be afraid
peut-être perhaps
la pharmacie chemist's shop
physique physical
le piano piano
la pièce room; la pièce de théâtre play; une pièce de tissu a piece of cloth
la piperade piperade (see p. 33)
piquer to stick in
le pire the worst
pis: tant pis! it can't be helped!/never mind!
la piste track, ski-slope
la pitié pity
le placard cupboard
la place place; room; square
placé placed
la plage beach
*se plaindre (plaint) de to complain about
plaisanter to joke
la plaisanterie joke
le plaisir pleasure
plaît: s'il vous plaît please
le plan plan
la planche plank
plein full
pleurer to cry
*se plonger to bury oneself (in a book)
la plupart the greater part, most
plus more; plus ou moins more or less; je n'en pouvais plus I couldn't stand it any more; de plus what's more
plusieurs several
plutôt rather
la poche pocket
le poisson fish
la poitrine chest
la police police
la politesse politeness
la pomme de terre potato
le pompier fireman
le pont bridge
la porte door
le porte-monnaie purse
porter to carry; to wear
poser to put down
possible possible
le poste post, job
le pot: prendre un pot to have a drink
pour for; (in order) to
pourquoi? why?; pourquoi pas? why not?
poursuivre (poursuivi) to pursue (like suivre p. 175)
pousser to push
pouvoir (pu) to be able; can; je n'en pouvais plus I couldn't stand it any more (pres. p. 174)
la précaution precaution

précisément precisely

la précision detail

préférer to prefer

premier (première) first

prendre (pris) to take/have; prendre des forces to build up one's strength; prendre un pot to have a drink; prendre un rendez-vous to make an appointment; *se prendre d'amitié pour quelqu'un to begin to feel friendly towards someone (pres. p. 175)

préoccupé preoccupied, worried

préparer to prepare

près near; près de near; tout près very near

présente: je vous présente may I introduce . . . ?

le président president

presque nearly/almost

pressé in a hurry

prêt ready

prêter to lend

prévenir (prévenu) to warn (like venir p. 175)

prévoir: comme prévu according to plan (like voir p. 175)

prier to request; je vous en prie please do!/that's all right!

le principe principle

le prix price; la réduction de prix cut price

le problème problem

prochain next

le produit product; les produits fermiers farm produce

le professeur teacher

profond deep, profound

le projet plan, project; les projets en l'air vague plans

*se promener to go for a walk (like se lever p. 174)

la promesse promise

promettre (promis) to promise (like mettre p. 13)

propos: à propos by the way; à propos de . . . about . . .

propre clean; l'amour-propre (m) self-esteem

le/la propriétaire owner

protéger to protect

prouver to prove

la province provinces, provincial town

les provisions (f) provisions, shopping

provisionnel: le tiers provisionnel tax down payment (see p. 101)

le public public

publier to publish

puis then

la pyramide pyramid

Q

la qualité quality

quand (?) when (?); quand même all the same, even so

le quart quarter; deux/trois heures et quart a quarter past two/three

le quartier neighbourhood

quatre four

quatre-vingts eighty

quatrième fourth

quel(s), quelle(s) which/what (see p. 109); quel dommage! what a shame! quelle heure est-il? what's the time?; quelle affaire! what a business!

quelconque nondescript

quelque chose something; quelque chose de grave something serious

quelquefois sometimes

quelque part somewhere

quelques some, a few

quelqu'un somebody

qu'est-ce que what?; qu'est-ce que c'est? what is it? qu'est-ce que c'est que ça? what's this? qu'est-ce que vous avez? what's the matter with you?; qu'est-ce qui se passe? what's happening?

la question question

le questionnaire questionnaire

qui? who?

quitter to leave

quoi? what?; en quoi puis-je vous aider? what can I do for you?

quoi que ce soit whatever

R

raccompagner (quelqu'un) to see (someone) out

raconter to tell

la radio radio

la raison reason; avoir raison to be right

ramener to bring back (like se lever p. 174)

ranger to tidy up

le rapport connection; mettre en rapport to put in touch

rapide quick

rapidement rapidly

rappeler to recall

*se rappeler to remember

rare rare; thin

rassuré reassured

*se rassurer: rassurez-vous! buck up!

la ratatouille ratatouille (see p. 33)

ravi delighted

la réalisation achievement

recaler: être recalé to be failed (in an examination)

recevoir (reçu) to receive (pres. p. 175)

la récolte harvest

recommencer to begin again

reconnaître (reconnu) to recognise; to admit (like connaître p. 13)

la réduction de prix price cut; le bon de réduction cut-price voucher

réduire (réduit) to reduce

réfléchir to think

refuser to refuse
regarder to look (at)
la région district, region
régional regional
*se réinstaller to set up house again
regretter to regret, be sorry
remarquable remarkable
remarquer to notice
remercier to thank
remplacer to replace
remplir to fill (up)
rencontrer to meet
le rendez-vous appointment, rendez-vous; j'ai rendez-vous avec lui I have an appointment with him
*se rendre (rendu) compte de to realise (like prendre p. 175)
le renfermé: ça sent le renfermé it smells stuffy
le renseignement (piece of) information
la rentrée the beginning of the school year; the end of the holidays (see p. 18)
*rentrer to go (back) home -
réparer to repair
répartir to distribute, share out
le repas meal
répéter to repeat; to rehearse
la répétition rehearsal
la réponse answer
le reportage reportage, press report
*se reposer to rest
reprendre (repris) to start again, get back to (work) (like prendre p. 175)
la réputation reputation
le réseau network
la réserve, les réserves stores
la résidence block of flats
respecter to respect
respirer to breathe
responsable responsible
la responsabilité responsibility
le restaurant restaurant
*rester to stay, remain
le résultat result
retard: en retard late
retarder to hold up, to make late
le retour return; de retour back
*retourner to go back, to return
les retrouvailles (f) reunion
retrouver to find (thing); meet up with again (person)
la réunion meeting
réussir to succeed; réussi successful
revanche; en revanche on the other hand
*se réveiller to wake up
le réveillon Christmas or New Year's Eve party (see p. 48)
les revenus (m) income
rêver to dream
revivre to live again; je me sens revivre I feel a new man/woman
revoir: au revoir! goodbye
*se revoir to meet up again (two or more people) (like voir p. 175)
le rez-de-chaussée ground floor

rien nothing; rien d'autre nothing else; ça ne fait rien it doesn't matter; de rien! don't mention it!; de tout et de rien a bit of everything
risquer to risk; risquer de . . . to run the risk of . . .
les risques de perte (m) risks of wastage
la rivière river
la robe dress
le rôle rôle
le roman novel
rompre le charme to break the spell
la route road; en route! let's go!
la rue street
la rupture break, split

S

sa his/her/its
le sable sand
le sac bag
la saison season
la salade salad
le salaire wages; le bulletin de salaire payslip
la saleté dirt, rubbish
la salle large room, hall (in a public building); la salle à manger the dining-room; la salle de bains the bathroom
le salon drawing-room/lounge
samedi (m) Saturday
sans without
savoir (su) to know (pres. p. 175)
le scandale scandal
la scène scene
scrupuleux (-euse) scrupulous
se, s' oneself, him/herself, themselves
la séance (de cinéma) (cinema) performance
le séchoir drier, drying room
le secret secret
secret (secrète) secret
le séjour stay
la semaine week
semblant: faire semblant de to pretend to
sembler to seem
sens dessus dessous upside down
le sens interdit no entry sign
sentimental sentimental
sentir to smell; ça sent le renfermé it smells stuffy; ça sent bon it smells good
*se sentir to feel; se sentir chez soi to feel at home; je me sens revivre I feel a new man/woman (pres. p. 175)
*se séparer to part (two or more people)
*se séparer de quelque chose to part with something
sérieux (sérieuse) serious, severe; sois sérieux! be serious! come off it!
serre: je vous serre la main I'll shake hands with you
servir to serve (pres. p. 175)

*se servir de (quelque chose) use (something) (like servir p. 175)
ses his/her/its/their
seul alone; only; c'est le seul moyen de ... it's the only way to ...
seulement only
si yes
si if; s'il vous plaît please
le siècle century
le sien, la sienne his/hers
simple simple; c'est bien simple! it's quite simple!
simplifier to simplify
le sinistre disaster
sinon otherwise
sitôt dit sitôt fait no sooner said than done
la situation situation
skier to ski
la société society; company
la soif: avoir soif to be thirsty
le soir evening; tous les soirs every evening
la soirée evening
soixante sixty
les soldes (m) sales
le soleil sun; au soleil in the sun
la solution solution
le sommet top, summit
son his/her/its
sonner to ring, sound
la sortie exit
*sortir to go out (pres. p. 175)
soucieux(euse) worried
souffrir (souffert) to suffer (like ouvrir p. 174)
le soulier shoe
le soupçon suspicion; laver de tout soupçon to clear of all suspicion
souple supple
le sourire smile
sous under
les sous-vêtements (m) underclothes
le souvenir souvenir
souvent often
*se spécialiser to specialise
la spécialité specialty
le spectacle show
le sport sport
sportif (sportive) sporty, sports-mad
la statuette statue
stimulant stimulating
le style style
le succès success
succulent tasty
le sucre sugar; sucré sweet
la succursale branch (of shop, etc.)
suivant following, next
suivre (suivi) to follow (pres. p. 175)
le sujet subject; le sujet de conversation something to talk about
le supermarché supermarket
supposer to suppose
sur on
sûr sure, certain

sûrement certainly
la surprise surprise
surtout especially
surveiller to watch over, keep an eye on
la sympathie kindness, fondness, affinity
sympathique nice, friendly
le système de sécurité alarm system

T

ta your (fam.)
le tabac: le bureau de tabacs tobacconist
la table table
le tableau painting
tant: tant pis! it can't be helped!/never mind!
tant (de) so much/many
la tante aunt
le tapis carpet
tard late; sans tarder without delay
la tarte tart
la tasse cup
le technicien technician
le téléphérique ski-lift
le téléphone telephone
téléphoner to telephone
la télévision television
tellement so, so much, so many
la température temperature
le temps time, weather; de mon temps in my time
tenir (tenu) to hold; tenir à quelque chose to be attached to something (like venir p. 175)
tentant tempting
terminer to finish
le terrain site
la terrasse terrace
terre: par terre on the ground
terrible terrible; c'est terrible! how awful/dreadful!
tes your (fam.)
la tête head; j'ai mal à la tête I have a headache; en tête-à-tête just the two of us/them
le thé tea; le salon de thé (see p. 74)
le théâtre theatre
le thème theme
le thermomètre thermometer
le tiers third; le tiers provisionnel income tax down payment
le tiroir drawer
le tissu cloth
toi you (fam.)
la toile canvas, painting
*tomber to fall; tomber amoureux (-euse) to fall in love
ton your (fam.)
tort: avoir tort to be wrong
tôt early; c'est trop tôt pour le dire it's too soon to say
toucher to touch
toujours always; il n'est toujours pas là he isn't here yet

la tour tower
le tour turn
le/la touriste tourist
tourner to turn
tous les soirs every evening
tout everything, all; tout près very near;
c'est tout that's all; tout droit straight
on; tout est bien qui finit bien all's
well that ends well
tout, tous, toute(s) all; tous les deux
both; tous les jours everyday
tout à l'heure later; à tout à l'heure!
see you later!
tout à coup suddenly
tout à fait completely, quite
tout de suite straightaway
tout le monde everybody
tranquille tranquil, quiet
transformer to transform, modernise
le travail (pl. les travaux) work
travailler to work
traverser to cross
très very; très bien very well/that's fine
le tribunal courts; passer au tribunal
to appear in court
la tribune grandstand
triste sad
troisième third
*se tromper to make a mistake
trop (de) too (much/many); ça, c'est
trop fort! it really is too much!; c'est
trop tôt pour le dire it's too soon to
say
trouver to find; vous ne trouvez pas?
don't you think?
tu you (fam.)
tue-tête; à tue-tête at the top of one's
voice
le type chap; un drôle de type an odd
chap; a funny piece of work

U

un/une a, an; one
l'université (f) university
d'urgence emergency
l'usage (m) routine; les vérifications
d'usage routine checks
l'usine (f) factory; l'usine à gaz
gasworks
utiliser to use

V

les vacances (f pl.) holiday(s); en vacances
on holiday
la valise suitcase
valoir (valu) to be worth
la vendeuse saleswoman
vendre (vendu) to sell
vendredi (m) Friday

venez! come!; venez voir . . . come
and see . . .
*venir (venu) to come (pres. p. 175)
la vérification check; les vérifications
d'usage routine checks
vérifier to check
le verre glass
verser to pay
vert green
les vêtements (m) clothes
la viande meat
vide empty
la vie life
vieux, vieil (vieille) old
la ville town
le vin wine
vingt twenty
vite quickly
la vitrine shop window
vive . . .! long live . . .!
voici here (it) is/(they) are
voilà here/there (it) is; here/there (they)
are; vous voilà! there you are!
voir (vu) to see; tu ne vas pas me dire
que tu ne la vois pas! you aren't
trying to tell me you can't see it!
(pres. p. 175)
le voisin (la voisine) neighbour
la voiture car
le vol theft
voler to steal
la volonté determination, willpower
vos your
votre your
le/la vôtre yours
voudrais: je voudrais I'd like (to have)/
I want; je voudrais bien . . . I'd like
to very much
vouloir to want; vouloir dire to mean
(pres. p. 175)
vous you
le voyage journey
voyager to travel
voyons! let's see! of course!
vrai true, real
vraiment really

W

le whisky whisky

Y

y here/there; il y a there is/are
y (pron.) see p. 49
les yeux (m) eyes; je n'en croyais pas
mes yeux! I couldn't believe my eyes!

Z

zut! blast! bother!

Acknowledgment is due to the following for permission to reproduce illustrations:

BARNABY'S PICTURE LIBRARY kitchen p. 30

DANIEL BLOT bandstand p. 111

CAMERA PRESS I.TD. salon de thé p. 74; market researchers (both) p. 105

CIDRERIE ET CONSERVERIE DU DUCHE DE LONGUEVILLE cider bottles p. 150

DOCUMENTATION FRANÇAISE sales p. 91

EDITION DARGAUD Astérix cartoon p. 80. English distributor BROCKHAMPTON PRESS LTD.

FOCUS LTD. letters p. 16

FRENCH GOVERNMENT TOURIST OFFICE market stall (Jean Feuillie) front cover and p. 23;
Tuileries (Lucien Viguier) p. 114; country restaurant p. 135; son et lumière (Karquel) p. 158

E. HEIMANN shopfront p. 7

G. KARQUEL parking disc p. 26; farm p. 147

KEYSTONE PRESS AGENCY LTD. Le Mans Race p. 160

MANSELL COLLECTION Proust p. 80; Dreyfus p. 94

MINISTERE DES POSTES ET TELECOMMUNICATIONS telephone dial p. 131

RADIO TIMES HULTON PICTURE LIBRARY Beauties pp. 122 and 125

RAPHO concierge (Doisneau) p. 9; lycée (Niépce) p. 18; drugstore (Niépce) p. 39;
Maison de la Culture (Marry) p. 42; market (Simonet) p. 46; painter's studio (Zalewski) p. 53;
cinema (Sabine Weiss) p. 64; fishstall (Doisneau) p. 71

JEAN RIBIERE réveillon p. 48; removal van p. 58; supermarket p. 117; Bac results p. 153;
opening ceremony p. 164

H. ROGER VIOLLET Avoriaz p. 77; bistro p. 84; fire engine p. 129; lottery ticket seller p. 141

ROMI engraving p. 66